Introduction to Dutch

A Practical Grammar

by

WILLIAM Z. SHETTER

Fourth Edition

Second impression 1977

MARTINUS NIJHOFF / THE HAGUE / 1977

First edition 1958
Second edition 1961
Third edition 1967
Fourth edition 1974
Second impression 1977

ISBN 90 247 2007 9

PRINTED IN THE NETHERLANDS

Preface

First edition

This grammar arose from the need for a concise presentation of the essentials of the Dutch language which could be used both for independent home study and in groups or classes under formal instruction. With the former aim in mind, the explanations have been made as self-explanatory as possible, and a complete key to the exercises has been provided in an appendix. In the interest of simplicity and ease of reference and review, each grammatical topic is discussed as fully as practicable in one place, and an effort has been made to include only one major grammatical feature in any one chapter. But since a solid foundation can more effectively be achieved through study under trained supervision or with a native speaker of the language, the presentation has also been made adaptable to this type of study. The brief fill-in exercises in each lesson provide a model for any amount of drill, and the dialogues and readings included at irregular intervals as well as the review selections placed after every few chapters can provide the necessary added practice in supervised instruction. Help should in any case be sought with the pronunciation, the principal stumbling-block in the way of either independent or supervised study.

Although the present grammar was originally planned and written for the use of Americans residing in the Netherlands as holders of grants – it was written on a grant in the Netherlands in 1955–56 – it is hoped that it will prove useful to a wider circle of English-speaking persons who wish to insure themselves the greatest possible profit from a stay in the Netherlands through a study of colloquial spoken and written Dutch.

It is a pleasure to express here my indebtedness to friends and colleagues who have made innumerable suggestions and corrections during the preparation of both the first mimeographed version and of the present grammar. My thanks go especially to Dr. J. J. van Dullemen of the U.S. Educational Foundation, who first suggested the work and who has been responsible for seeing it through to its present form, and to Miss A. Huijsinga, Litt. dra., Lecturer in Dutch, University of London, whose critical eye and years of experience in teaching the language have been invaluable in enhancing clarity of presentation and insuring idiomatic Dutch.

Madison, Wisconsin
September, 1957

Fourth edition

At the time the preface to the first edition was written some seventeen years ago, it was difficult to find any formal instruction in Dutch, and the quantity and level of learning materials was about equally modest. Today the language is taught at around twenty institutions in the U.S. alone, and the *Introduction* is only one in a still-expanding field of works available to those curious about the language and the culture of the Netherlands and Belgium. Its continued survival in this competitive world suggests that it chanced on a winning combination, in its basic format or perhaps in the color of its cover. In any case it continues to seem sensible, as it has through all four editions, to make no radical change in either one. The only really major improvement has been the rewriting of Chapter 8 on the inflection of adjectives so as to better reflect the complexities of current usage.

These same seventeen years have brought very considerable changes in the style, and particularly the pace, of life in the Dutch-speaking countries. Sentences throughout the book have been weighed for their appropriateness to a dynamic modern society, and as a result many a bicycle has found itself discarded, so to speak, in favor of a car. For a number of sentences with a particularly good dash of contemporary flavor a word of gratitude is due to the Dutch course broadcast by Radio Nederland.

These innumerable more or less cosmetic changes, working in up-to-date vocabulary at the expense of less obviously useful words (with the regrettable side effect that a great deal vanishes that was uniquely Dutch), are far too many to list in detail. All the reading selections and dialogs have had some face-lifting. In Chapter 7 some remarks on Amsterdam have been added and in 11 additional material on Zuid-Holland; in Chapter 22 a new dialog on shopping is to be found and in 24 some reading on the IJsselmeer projects. The previous Chapter 29 on Groningen has been replaced entirely by a light-hearted vignette by the popular writer Clare Lennart. I have made some attempts to correct the grammar's too exclusive preoccupation with the Netherlands and remind readers that, after all, the northern half of Belgium is equally Dutch-speaking. This total Dutch-speaking area is shown, now for the first time, on a map at the front of the grammar. A number of drawings scattered through the text will also have a brightening effect.

Orderly presentation of grammar and vocabulary in regular stages exacts its price in the resulting over-simple 'grammarese' tone of many example sentences. A companion to the grammar which for the past ten years has proved its usefulness is the little reader *Een goed begin...*, done in collaboration with R. B. Bird.* This contains graded and exhaustively annotated literary selections, the first of which, combining simplicity with naturalness of style, can be undertaken as soon as the first few chapters have been absorbed, in any case by Chapter 16. Those interested in a survey and interpretation of the culture of the Netherlands well beyond what a grammar or a reader can attempt might find it worthwhile to try *The pillars of society: six centuries of civilization in the Netherlands.***

A special expression of indebtedness is due, as always, to the large and growing number of the faithful who continue to assure the grammar's adequacy to its task by pointing out shortcomings and suggesting improvements. The most unsparing (and therefore most welcome) 'dialog' of this sort has always been in the classroom, where anything that is poorly conceived or outworn has very little chance of passing undetected. The fourth edition is offered with the hope that both general need and specific question have been anticipated.

Indiana University, Bloomington
January, 1974

* The Hague, Martinus Nijhoff. Second edition, 1971.
** The Hague, Martinus Nijhoff. 1971.

Table of contents

Introduction

The Dutch language

The language known to us as Dutch is the official language of the Kingdom of the Netherlands and one of the two official languages of Belgium. Dutch belongs, along with German, the Scandinavian languages and English, to the so-called 'Germanic' group of languages. We can see plainly the family relationship of Dutch to English when we compare words like

Dutch		English	
	man		*man*
	arm		*arm*
	glas		*glass*
	boter		*butter*

which, although they are pronounced differently, show their common origin. We can find many words like this in the Dutch vocabulary, and even more words like

Dutch		English	
	lachen		*to laugh*
	nieuw		*new*
	suiker		*sugar*
	ziek		*sick*

which have become somewhat disguised through sound changes and differing spellings, and are not always easily recognizable. The close relationship of a large number of words is still more obscured by the changes of time, e.g.

Dutch		English	
	kaas		*cheese*
	volgen		*follow*
	eigen		*own*

to an extent that only a trained eye can identify them.

The language we call Dutch did not just come into being as such, but has had a long and interesting development. It had its origin in the speech of the peoples inhabiting northwestern Europe in prehistoric times, when this speech was simply a mass of local or tribal dialects. In the complex of tiny principalities, duchies and other political units that from early historical times down to the Middle Ages made up what we now call the Netherlands, they were closely similar to the dialects spoken farther to the east, in what is now Northern Germany; just as there was as yet no overall political unit, there was no overall standard language.* A great variety of these local dialects is still spoken in the Netherlands. Since they have been spoken in the same areas for such long periods of time, constantly diverging more and more, some of them now differ sharply from each other. The local dialects of the eastern part of the country still merge imperceptibly with the local dialects of Germany. The fact that the Dutch and German standard languages are so divergent today is a result of their having developed from widely separated dialects.

The standard Dutch language which we will be studying here can be said to be the product of political, social and cultural developments of only the last few centuries. Toward the end of the Middle Ages, the little states mentioned above began to be unified politically under the counts of Holland (originally just another unimportant duchy), and the explorations by the Dutch and many other nations to the New World and the Indies enormously stimulated trade. For all this a standard language became increasingly necessary in the Netherlands, and since Amsterdam at this time was the flourishing center of Holland, its local speech began to fill in the gap. The speech of Amsterdam, in turn, was under the strong influence at this time of that of Brabant to the South (now in Belgium); thus the speech spread through the prestige of Amsterdam was made up of northern and southern elements. This dialect came to be the spoken and written language of the upper classes and the government all over the country, and study of it and its pronunciation served to establish standard and 'approved' usages.

* Up until two centuries or so ago the cover term for the languages of the Lowlands was 'Duits' or 'Nederduits', which at the same time also included 'German'. The Dutch word 'Duits' now means only 'German', and corresponds to the German word 'deutsch'. The English word 'Dutch', which originally also included both Dutch and German, has simply been restricted in a different direction.

Although there are many literary masterpieces dating from the Middle Ages, the high point in Dutch literature is usually considered to be the seventeenth century, the 'Golden Age' when the language was molded into a means of literary expression and firmly established as the standard cultural language. Since this time it has been gaining steadily at the expense of the local dialects. This process is nearly completed in the thickly populated, urbanized western area, but in many remoter areas in the eastern provinces, even in the cities of Groningen and Maastricht, the language of everyday life is the local dialect.

The role played by the province of Holland in forming the language is responsible for the fact that it is referred to by the Dutch themselves as *Hollands*, though today this stands strictly speaking only for the provinces of Noord-Holland and Zuid-Holland. The official name of the language is *Nederlands*. It is the official standard language used by some 13,000,000 people in the Netherlands and over 5,000,000 in Belgium. The differences in pronunciation and word usage between the two countries are no greater than those between British and American English. The term *Vlaams* or 'Flemish' is now usually reserved for reference to dialect speech, as distinguished from standard *Nederlands*, the ideally identical language of both countries. The usual English term is 'Dutch', and recently this has come to be used in Belgian publications to avoid 'Flemish' and emphasize the identity referred to above. Though the term *Nederlands* has long been used in this sense, it remains to be seen whether 'Dutch' can be pried loose in the feeling of English speakers from its association with nothing but 'Holland'. An attempt to escape from this desperate confusion (only worsened by the fact that for many English speakers 'Dutch' means 'German'!) has been the recent coinage of the rather academic-sounding but more exact 'Netherlandic'.

A consequence of superimposing a standard language on many forms of local speech is seen in the regional variations that arise. We as Americans are accustomed to the fact that a person from another part of the country can sometimes be identified by his accent, even though we are often unaware of it unless it is a striking one. In the Netherlands the characteristic regional accents are striking enough to a Dutch ear that a person can often be placed by his accent as to the section of the country, and occasionally to the very town. This diversity is often due to the fact that the speaker first learned to speak a local dialect and learned standard Dutch

3

only in grammar school. Another variation in the language, of which we are only partially aware in our own language, is a result of the stratification that comes about when a population has inhabited the same area for many centuries. There is considerable such variation in the Netherlands. People of lower classes or who have enjoyed less education usually use certain pronunciations and grammatical features which are frowned upon and avoided by those of another social sphere. Thus the Dutch readily 'place' their fellow countrymen not only regionally but also socially: A house painter, taxi driver or laborer who aspires to an official or responsible position has little chance of success if he fails to eradicate painstakingly the imprint which his origin has left on his speech. Finally, we should take note of the considerable difference that exists in Dutch between the spoken and the written language. Although to a casual observer the language seems to be the same whether it is spoken or written, the student will soon discover that many words and expressions common in writing sound stiff and high-flown when spoken. A person speaking the language just as it is written runs the risk of 'speaking like a book'. On the other hand, many other words and expressions common in the everyday spoken language are too informal to be used in writing. Of course we know such words and expressions in English too, but the cleft between written and spoken is much greater in Dutch than in English.*

* Examples of written-language and spoken-language forms are discussed in Chapter 18.

The
Dutch-speaking
areas
The Netherlands
and the
North of
Belgium

Afsluitdijk
IJsselmeer
FRIESLAND
Leeuwarden
GRONINGEN
Groningen
Assen
DRENTE
NOORD-HOLLAND
Zwolle
OVERIJSSEL
Haarlem
Amsterdam
GELDERLAND
Leiden
Utrecht
's-Gravenhage
ZUID-HOLLAND
UTRECHT
Arnhem
Rotterdam
ZEELAND
's-Hertogenbosch
Middelburg
NOORD-BRABANT
LIMBURG
Brugge
ANTWERPEN
WEST-VLAANDEREN
OOST-VLAANDEREN
Antwerpen
Gent
LIMBURG
BRABANT
Hasselt
Maastricht
Brussel
linguistic boundary
GERMANY
FRANCE

5

1 Pronunciation

The great variety of spoken sounds of a language can by their very nature not be satisfactorily described on paper; the sounds of a new language being learned must be heard at as early a stage as possible. The following brief summary is therefore intended only as a rough guide to the pronunciation of the principal Dutch sounds. Such a summary of sounds must necessarily be inexact as well: even though many Dutch sounds can best be identified through comparison with corresponding English sounds, we can say that practically no vowel or consonant of Dutch sounds exactly like any vowel or consonant of English. The beginner must beware especially of the misleading cases in which a Dutch letter or combination of letters represent a sound entirely different from the one they represent in English, for example *ch, sch, g, r*. In Dutch, as in English and all other languages, nearly all sounds vary slightly depending upon the nature of the surrounding sounds, though in most cases the speaker is not aware of this. In our discussion of Dutch sounds only the most important of such variations will be mentioned, for example the divergent pronunciation of certain vowels before *r*.

First let us look at a few terms that will be used.

(a) 'FRONT', 'ROUNDED', 'FRONT-ROUNDED' VOWELS. When we speak of 'front' vowels, we mean those pronounced with the tongue more or less raised in the front of the mouth; examples are the vowels of *eat, it, end*. Similarly, 'back' vowels are those pronounced with the tongue raised in the back of the mouth: *ooze, oh*. In the pronunciation of most back vowels, the lips are rounded at the same time (watch your mouth in the mirror as you pronounce the last two examples). 'Front-rounded' vowels are vowels which are pronounced with the tongue raised in the front of the mouth as for 'front' vowels, but with the lips rounded or puckered at the same time like we do when we say *ooze* or *poor*. 'Front-rounded' vowels must be given particular attention, since they do not occur in English but are common in Dutch, as well as in French and German.

(b) 'CLOSE' AND 'OPEN'. 'Close' simply means that in the sound in question the tongue approaches closer to the roof of the mouth, i.e. it is higher. 'Open' means then that the tongue is farther from the roof of the mouth, i.e. it is lower, more relaxed. Accordingly we say that the sound of *eat* is close (or high), that of *end* opener (or lower), and that of *add* still opener.

1. The Vowels

Vowel in Dutch spelling	Example		Notes
ie	ziek	'sick'	Like the vowel in Eng. *seek;* pronounced very short.
	hier	'here'	Has about the same quality as the above, but is about twice as long when before *r*.
i	dit	'this'	Resembles the vowel of Eng. *hit;* short.
ee	been	'bone'	Nearly rimes with Eng. *bane*, but does not have the diphthongal sound of the Eng. vowel; always long.
e	met	'with'	Resembles Eng. *met;* short.
oe	boek	'book'	Like the vowel of Eng. *fool;* shorter than Eng. *oo*.
	boer	'farmer'	Has the same sound as the above, but like Dutch *ie*, is about twice as long before *r*.
oo	boon	'bean'	Nearly rimes with Eng. *bone*, but does not have the diphthongal nature of the Eng. vowel; rather long.

7

o	*pot*	'pot'	Sounds like the vowel of Eng. *paw* (but not like the vowel of *pot!*), with the lips always strongly rounded. Very short.
aa	*kaas*	'cheese'	Resembles the vowel of Eng. *father*, but is considerably farther front than the Eng. vowel; always long.
a	*dat*	'that'	Resembles Eng. *dot* (Dutch *a* never has the sound of Eng. *that!*), except that the tongue is raised somewhat farther back in the mouth.
uu	*minuut*	'minute'	A front-rounded vowel. The tongue must be in the position for Dutch *ie* but the lips well rounded as for Dutch *oe*. Like French *u* or German *ü;* pronounced very short.
	buur	'neighbor'	This is the same vowel as the above, but like Dutch *ie* and *oe* it is nearly twice as long before *r*.
u	*bus*	'bus'	A front-rounded vowel. The tongue is in the position for Dutch *i* and the lips well rounded as for Dutch *o;* pronounced very short. Note that this vowel never sounds like the vowel in Eng. *bus, cut!*
eu	*neus*	'nose'	A front-rounded vowel. The tongue must be in position for Dutch *ee* but the lips rounded as for Dutch *oo*. Like French *eu*, German *ö*. Always long.

SUMMARY: Dutch vowels are all distinct from one another by virtue of their differences in quality, not because of differences in duration. Nevertheless, it is useful to know that some of them are always short, others always long, and still others short or long depending upon the surrounding sounds. Thus

a e i o u are always short, like Eng. *pet;*

aa ee oo eu are always long, like Eng. *pool;*

ie oe uu are short except before *r*, where they are long.

A vowel which is analogous to the sound spelled *a* in *soda, sofa* in English occurs in unstressed (unaccented) syllables of many words, This Dutch vowel is an indistinct vowel like the English one, but closely resembles the Dutch *u*. It has several spellings, the most common of which are

e	b**e**halv**e**	'except'	This is the most usual spelling. The vowel spelled in this way may occur either before or after the stressed syllable.
ij	moeil**ij**k	'difficult'	The sound is spelled in this way only in the suffix-*lijk*.
i	twint**i**g		This is the spelling in the common suffix -*ig* and in some other words.

The Diphthongs

A diphthong can be defined as the fusion of two different vowels in a single syllable. The diphthong begins with one vowel quality and 'glides' to the other, as in Eng. *high, how, boy*. The nine Dutch diphthongs are, with the exception of the last to be discussed, all combinations of the vowels listed above plus a closer second component resembling Dutch *ie* or *oe*.

Spelling	Example		Components	Notes
ei	*trein*	'train'	*e* + *ie*	*ei* and *ij* are two spellings for the same sound. Resembles Eng. *high*, though the beginning of the diphthong is closer.
	dijk	'dike'		
oei	*moeite*	'trouble'	*oe* + *ie*	Resembles Eng. *phooey!*
ooi	*mooi*	'pretty'	*oo* + *ie*	Resembles Eng. *boy*, though the first com-

				ponent is pronounced closer and longer.
aai	*taai*	'tough'	*aa + ie*	Nearly rimes with Eng. *tie*, though the first component is opener and longer.
ou	*koud* *blauw*	'cold' 'blue'	*o + oe*	Again two spellings for the same sound, though the second is infrequent. Resembles the vowel of *how* but the first component is closer.
ieu	*nieuw*	'new'	*ie + oe*	Like the diphthong of Eng. *view* but with the stress on the first component; might be suggested by NEE-oo.
eeu	*leeuw*	'lion'	*ee + oe*	Might be represented LAY-oo.
uw	*ruw*	'raw'	*uu + oe*	Has a front-rounded vowel as its first component.
ui	*huis*	'house'	—	This is Dutch *ei* with lip-rounding, just as *uu* and *eu* are *ie* and *ee* with lip-rounding. Does not sound like Dutch *ou!*

2. The Consonants

First, the definition of two necessary terms. A consonant is said to be **voiced** when the production of it requires the vibration of the vocal cords; examples in English are *b d g v z*. A consonant is said to be **voiceless** when it is produced without the vibration of the vocal cords; examples are *p t k f s*. Note that this latter group of consonants differs from the former group only in being **voiceless**; they might thus be termed voiceless counterparts of those of the first group.

k	*kat*	'cat'	Resembles Eng. *k* except that it is not followed by the small puff of breath ('aspiration') which characterizes the Eng. consonant.
p	*pot*	'pot'	Like Eng. *p* but without aspiration.
t	*tien*	'ten'	Like Eng. *t* but without aspiration.
b	*been*	'bone'	Exactly like Eng. *b*.
	heb	'I have'	Pronounced as *p* at the end of a word.
d	*dijk*	'dike'	Exactly like Eng. *d*.
	had	'had'	Pronounced as *t* at the end of a word. Note that Dutch *had* accordingly nearly rimes with Eng. *hot*.
	goede	'good'	Written *d* between vowels is often pronounced like *j* (see below for pronunciation of *j*): *goede* is pronounced *goeje*, *rijden* 'to ride' is pronounced *rije*. When the preceding vowel is *ou*, the *d* is dropped in pronunciation: *oude* is pronounced *ouwe*.
f	*fout*	'mistake'	Same as Eng. *f*.
s	*sok*	'sock'	Same as Eng. *s*.
sj *ch*	*sjaal* *machine*	'scarf' 'machine'	These are two spellings for the same sound, the second occurring only in French words. Nearly equivalent to Eng. *sh*, though the tongue is somewhat farther front.
tj	*katje*	'kitten'	Nearly equivalent to Eng. *ch*, though the tongue is somewhat farther front.
ch	*acht*	'eight'	This is the same as the German *ch* in *Bach*, a 'rasping' sound

			produced in the back of the mouth. It has no equivalent in Eng., and must not be pronounced like Eng. *k* or *ch!*
g	*goed*	'good'	Most speakers of Dutch pronounce this exactly the same as Dutch *ch*, though some pronounce it as a voiced counterpart of *ch*. Note that the sound spelled *g* in Dutch is never pronounced like our Eng. *g;* substitution of Eng. *g* for Dutch *g* is completely unacceptable to a Dutch ear.
	logies	'lodging'	The letter *g* sometimes represents a sound like the *s* of Eng. *measure;* this sound occurs only in words borrowed from French, and occurrences of it will be pointed out in the text.
sch	*schip*	'ship'	This is a combination of Dutch *s* and *ch*. It must not be pronounced like Eng. *sk* or *sh*.
	praktisch	'practical'	In the combination *sch* at the end of a word the *ch* is silent. This occurs principally in the ending *-isch*, which is pronounced as if (and occasionally spelled) *-ies*.
v	*veel*	'much'	Resembles Eng. *v* except that the voicing does not begin immediately; it thus stands between Eng. *v* and Dutch *f*.
z	*zout*	'salt'	Resembles Eng. *z* except that the voicing is not present throughout the duration of the consonant.
l	*laat*	'late'	Resembles Eng. *l*, though the tongue is generally farther front.
r	*room*	'cream'	The Dutch *r* is either trilled with

			the tip of the tongue in back of the upper teeth like the Spanish *r* or produced with friction in the back of the mouth like the French *r*. In no case may it be pronounced like the typical American *r*.
m	*man*	'man'	The same as Eng. *m*.
n	*niet*	'not'	The same as Eng. *n*.
ng	*tong*	'tongue'	Like *ng* in Eng. *singer*, never as in *finger*.
j	*ja*	'yes'	Pronounced like Eng. *y* in *yes*, never like Eng. *j* in *jump*.
w	*wat*	'what'	This is pronounced with the lower lip against the upper teeth like *f* and *v*, but differs from the latter in having a much lighter contact of lip with teeth. It is not Eng. *w*.
	nieuw	'new'	When *w* occurs after one or more vowels, it is pronounced like Dutch *oe* (see discussion of diphthongs). Note that when *w* begins a syllable (nieu-we), it is pronounced like *w* in *wat*.

SUMMARY: (a) *b d* are pronounced as *p t* at the end of a word, i.e. they become voiceless. The voiced sounds (not letters!) *d b v z* never occur at the end of a word.

(b) *b d f s m n ng* can be said to be identical with Eng.

(c) *ch sch g r* are particularly troublesome for speakers of English; they must not be given the pronunciation suggested by their spellings.

3. Assimilation (for reference only)

Two or more consecutive consonants (except *l m n r*) must be pronounced either all voiced or all voiceless. This rule holds true whether the consonants occur within one word or at the end of one word and the beginning of the next.

(a) When a 'spirant' consonant (*f s ch g v z*) is combined with one of the 'stop' consonants (voiced *b d*, voiceless *p t k*), the stop consonant controls the voicing or voicelessness of the entire group. Accordingly

(Spelled)		(Pronounced as if written)
hoofden	'heads'	*hoovden*
ijsbreker	'icebreaker'	*ijzbreker*
opvouwen	'to fold up'	*opfouwen*

Note that a *b* or *d* at the end of a word, in spite of the spelling, is voiceless:

ik heb veel	'I have many...'	*ik hep feel*
ik had zeker	'I had certainly...'	*ik hat seker*

(b) When two 'stop' consonants are combined in a group, if one is voiced the group will be voiced:

uitbreiden	'to extend'	*uidbreiden*
op duizenden	'on thousands'	*ob duizenden*

(c) When two 'spirant' consonants are combined, the group is voiceless:

afzetten	'to take off'	*afsetten*
het is veel	'it is much...'	*het is feel*

(d) Final voiceless consonants often become voiced when followed immediately by a vowel:

heb ik (i.e., *hep* + *ik*)	'have I'	*heb ik*
lees ik	'do I read'	*leez ik*

4. Stress

The main stress in Dutch is generally on the first syllable, as in English. Prefixes and suffixes containing the unstressed vowel *e*, e.g. *be-, er-, ge-, her-, ver-, -e, -en, -er* etc. as well as the prefix *ont-* are not stressed; if there is only one other syllable in the word besides any of these, it is understood to be stressed and need not be specifically marked, e.g. *verstaan, gesproken*. In all cases in which the place of the stress does not follow these rules, it will be indicated by a small vertical line before the stressed syllable, e.g. *stad'huis*, *lan'taren*.

5. Phonetic transcription

For the benefit of those able to profit from a familiarity with the International Phonetic Alphabet, we append a phonetic transcription of all the examples used in the discussion of pronunciation above.

1. Vowels [zik hiˑr dɪt beˑn mɛt buk buˑr boˑn pɔt kaˑs dɑt mi'nyt byˑr bʏs nøˑs]
   The unstressed vowel [bəhɑlvə muilək tʊɪntəx]
   Diphthongs [trɛin dɛik muitə moˑi taˑi kɔut blɔu niu leˑu ryu hœys]

2. Consonants [kɑt pɔt tin beˑn hɛp dɛik hɑt xujə fɔut sɔk ʃaˑl ma'ʃinə kɑčə ɑxt xut (gut) lo'ʒis sxɪp praktis veˑl zɔut laˑt roˑm mɑn nit tɔŋ jaˑ ʋɑt niu]

3. Assimilation [hoˑvdən ɛizbreˑkər ɔpfɔuən, ɪk hɛp feˑl, ɪk hɑt seˑkər, œydbrɛidən, ɔb dœyzəndə, ɑfsɛtən, ət ɪs feˑl, hɛb ɪk, leˑz ɪk]

2 *Spelling*

1. Dutch spelling can be said to be almost entirely consistent. That is, each sound is spelled in only one way and each symbol represents only one sound. A few exceptions to this have been pointed out, and a few other minor irregularities will be discussed in this chapter and in the text as they occur. The spelling rules of Dutch revolve for the most part around the important distinction between 'closed' and 'open' syllables. Since, therefore, in order to learn how Dutch words are represented in writing we must understand what is meant by these two types of syllables, let us first see what 'closed' and 'open' mean.

We call a syllable 'closed' when it ends in a consonant, and 'open' when it ends in a vowel. When two consonants stand between vowels, the syllable division usually comes between them, e.g. *man-nen* 'men', *ar-men* 'arms'. When one consonant stands between vowels, the syllable division comes before the consonant: it must begin the second of the two syllables, and the first syllable thus ends in a vowel and is therefore said to be 'open', e.g. *bo-men* 'trees', *deu-ren* 'doors'. Words of one syllable are also said to be 'closed' or 'open' syllables depending upon whether they end in, respectively, a consonant or a vowel. The spelling rules are then as follows:

(a) The Dutch vowels *a e i o u*, pronounced short and always written with one letter, can occur in closed syllables:

man	'man'	*pot*	'pot'
bed	'bed'	*bus*	'bus'
pil	'pill'		

When another syllable is added, for instance *-en* to form the plural, the final consonant must be DOUBLED so that the syllable remains closed:

mannen	'men'	*potten*	'pots'
bedden	'beds'	*bussen*	'buses'
pillen	'pills'		

When one of the above vowels occurs in a word of one syllable where it is already followed by more than one consonant, no change need be made when a syllable is added:

arm, armen	'arm, arms'	*bord, borden*	'plate, plates'
kerk, kerken	'church, churches'	*kust, kusten*	'coast, coasts'
ding, dingen	'thing, things'		

SUMMARY: The vowels *a e i o u* are always followed by at least one consonant; when another syllable follows, they must be followed by two or more consonants.

(b) The rest of the Dutch vowels, including all the diphthongs, can occur in open syllable. All such vowels are spelled with two letters when they happen to stand in closed syllable:

laan	'avenue'	(diphthongs)	
peer	'pear'		
boom	'tree'	*trein*	'train'
buur	'neighbor'	*dijk*	'dike'
dier	'animal'	*fout*	'mistake'
deur	'door'	*tuin*	'yard'
boek	'book'		

When these vowels stand in an open syllable (in a word of one syllable without a following consonant or when another syllable is added), one of two things may happen. The vowels spelled with a DOUBLE LETTER drop one of these, since the single following consonant or the absence of any consonant is enough to show that the syllable is open:

lanen	'avenues'	*sla*	'lettuce'
peren	'pears'		
bomen	'trees'	*zo*	'so'
buren	'neighbors'	*nu*	'now'

An *ee* at the end of a word must be written with two letters (e.g. *zee* 'sea') to distinguish it from the unaccented vowel as in Eng. *soda* which is regularly spelled *e* (e.g. *ze* 'she'). This distinction is not made inside the word, resulting in an occasional ambiguity such as *regeren* (*rĕ-gée-ren*) 'to rule' but *regelen* (*rée-gĕ-len*) 'to adjust'.

Note, however, that in accord with the rule given in the first paragraph under (b) the doubled letters are used whenever the syllable is closed (i.e., when the vowel is followed by two or more consonants), whether or not another syllable follows:

paarden	(*paar-den*)	'horses'
feesten	(*fees-ten*)	'parties'
hoofden	(*hoof-den*)	'heads'
buurten	(*buur-ten*)	'neighborhoods'

The doubled vowels in the diphthongs *aai ooi eeu* are never changed:

taai	'tough'
mooi	'pretty'
leeuw	'lion'

The vowels spelled with two DIFFERENT letters remain unchanged when another syllable is added (remember that a spelling with two different letters does not necessarily mean a diphthong!):

dieren	'animals'		*treinen*	'trains'
deuren	'doors'		*dijken*	'dikes'
boeken	'books'		*fouten*	'mistakes'
			tuinen	'yards'

SUMMARY: (a) The vowels *aa ee oo uu* are spelled with two letters when in closed syllable but with only one letter when in open syllable.

(b) The vowels and diphthongs written with two different letters remain unchanged whether the syllable is closed or open.

(c) All the vowels which can occur in an open syllable, with the exception of *ie oe uu* before consonants other than *r*, are pronounced longer than the vowels which occur in closed syllable.*

Note that when by virtue of rule (a) of this summary *aa ee oo* are written with a single letter in open syllable, only the following consonants distinguish them from the closed-syllable, 'short' vowels, for example:

---

* For this reason, many texts call *aa ee oo uu ie eu oe* – the vowels which can occur in open syllable – 'long' vowels, and *a e i o u* 'short' vowels.

manen	'moons'	mannen	'men'
Denen	'Danen'	dennen	'pines'
bomen	'trees'	bommen	'bombs'

2. Note carefully the relationship of *f* to *v* and of *s* to *z* in certain words.

(a) When an *f* or *s* at the end of a word, as in *brief* 'letter', *huis* 'house', etc., upon the addition of an ending comes to serve as the first consonant of a following syllable, it is replaced by *v* or *z* respectively:

brief	brie-ven	'letters'
wolf	wol-ven	'wolves'
werf	wer-ven	'shipyards'
huis	hui-zen	'houses'
gans	gan-zen	'geese'
vers	ver-zen	'verses'

Observe that this is exactly parallel to what happens in English in *wife wives*, *wolf wolves* and *house houses* (though in this last example the spelling does not show it).

(b) When an *f* or *s* is doubled upon addition of another syllable, no replacement with *v* or *z* is made:

| stof | stoffen | 'materials' |
| das | dassen | 'neckties' |

(c) Some exceptions to the rule given under (a) are:

biograaf	biografen	'biographers'
elf	elfen	'elves'
kous	kousen	'stockings'
dans	dansen	'dances'

These rules for the replacement of *f* and *s* apply not only to nouns but are general spelling and pronunciation rules which hold for all parts of speech, especially adjectives and verbs.

3. In spoken Dutch, especially that of the western part of the Netherlands, the *n* of the common ending *-en* is dropped. Thus

lopen	'to walk' is pronounced as if	lope
gesproken	'spoken'	gesproke
houten	'wooden'	houte
mannen	'men'	manne

bomen	'trees'	*bome*
gulden	'guilder'	*gulde*

These words are, however, never written without the *n*. Observe that the remaining *e* is the very short sound heard in unstressed syllables (see chapter 1 : 1).

3 The Plural

1. The regular sign of the plural is *-en*. Note carefully the application of the spelling rules given in the preceding chapter.

krant	*kranten*	'newspapers'	(no change)
boer	*boeren*	'farmers'	(no change)
woord	*woorden*	'words'	(no change)
fles	*flessen*	'bottles'	(consonant doubled)
boot	*boten*	'boats'	(one vowel dropped)
prijs	*prijzen*	'prices'	(*s* replaced by *z*)
brief	*brieven*	'letters'	(*f* replaced by *v*)

2. A small number of very frequently-occurring words do not have the same vowel in the plural as in the singular. The 'open-syllable' or 'long' vowel of the plural is marked in such words by the single consonant following it:

bad	*baden*	'baths'
dag	*dagen*	'days'
dak	*daken*	'roofs'
gat	*gaten*	'holes'
glas	*glazen*	'glasses'
weg	*wegen*	'roads'

Two irregular plurals of this type are:

stad	*steden*	'cities'
schip	*schepen*	'ships'

3. Another small group forms the plural by adding *-eren*:

been	*beenderen*	'bones' (note addition of *d*)

blad	bladeren (blaren)	'leaves'
ei	eieren	'eggs'
kind	kinderen	'children'
lied	liederen	'songs'
volk	volkeren (volken)	'peoples'

When *been* means 'leg' the plural is *benen*, and when *blad* means 'tray', 'sheet' or 'leaf of book' the plural is *bladen*.

4. Another common sign of the plural is *-s*, used with a considerable number of words. The main groups are as follows:

(a) Most words ending in unstressed *-el, -em, -en, -er, -aar*:

tafel	tafels	'tables'
bezem	bezems	'brooms'
deken	dekens	'blankets'
bakker	bakkers	'breadmen'
winnaar	winnaars	'winners'

(b) All diminutives, marked by their ending *-je* (see Chapter 23):

| huisje | huisjes | 'little houses' |
| kwartje | kwartjes | '25-cent pieces' |

(c) Many words originally of foreign origin, mostly ending in a vowel. When this vowel is *a*, *o* or *u*, an apostrophe is inserted:

auto	auto's	'cars'
firma	firma's	'firms'
paraplu	paraplu's	'umbrellas'
foto	foto's	'photos'
garage [gha-'rah-zhe] *	garages	'garages'
pro'vincie	provincies	'provinces'
tram [trem]	trams	'streetcars'
ro'man	romans	'novels'

Two native Dutch words are also in this category:

| oom | ooms | 'uncles' |
| zoon | zoons | 'sons' |

The older plural *zonen* is still used in company names.

5. Note, finally, a few minor points. A number of words from a

---

* An imitated pronunciation in brackets will henceforth be given for words whose spellings are ambiguous or misleading.

more or less learned sphere form their plural in the Latin way with -*i*:

ca'talogus	catalogi	'catalogues'
his'toricus	historici [-see]	'historians'
musicus	musici [-see]	'musicians'

Latin words in -*um* form their plural by replacing this with -*a*:

mu'seum	musea	'museums'
gym'nasium	gymnasia	'high schools'

Some words in -*or* form the plural in -*en* and shift the stress one syllable:

pro'fessor	profes'soren	'professors'
'motor	mo'toren	'motors'

Others form the plural in -*s* without change of stress:

motor	motors	'motorcycles, motors'

Vocabulary

boek, book	*lepel*, spoon
bord, plate	*les*, lesson
broer, brother	*meisje*, girl
broodje, roll	*mes*, knife
deken, blanket	*met*, with
dier, animal	*mi'nuut*, minute
dijk, dike	*molen*, mill
dochter, daughter	*naam*, name
dorp, village	*nacht*, night
drie, three	*of*, or
en, and	*oog*, eye
fa'milie, family	*pro'vincie*, province
fiets, bicycle	*raam*, window
gulden, guilder	*schoen*, shoe
hand, hand	*school*, school
hoed, hat	*siga'ret*, cigarette
in, in	*sleutel*, key
kamer, room	*stoel*, chair
kerk, church	*taal*, language
klok, clock	*twee*, two
kopje, cup	*vaas*, vase

23

vader, father
vier, four
vijf, five
voet, foot

vork, fork
vrouw, woman
winkel, store
zuster, sister

Exercises

Form the plurals in Dutch:

naam	boek	school	kopje	boot	minuut
dorp	kerk	auto	huisje	schip	krant
taal	sigaret	paraplu	molen	gulden	sleutel
dochter	familie	tafel	winkel	kind	zuster
stad	moeder	garage	kamer	foto	broodje
been	vader	fles	vaas	nacht	glas
lied	dag	klok	fiets	bord	oog

Translate into English:*

1. ramen borden dijken klokken bomen namen huizen ogen vazen brieven;
lanen en straten, handen en voeten, huizen en kerken, boeken en kranten, messen of vorken, mannen of dieren, bedden en stoelen; kamers eieren schepen kinderen glazen steden dagen paraplu's; drie sleutels, vier kinderen, broers en zusters, vaders en moeders, kopjes of glazen, straten met winkels, families met kinderen, twee garages en twee kerken in drie straten, vier liederen in twee dagen, drie ramen en twee deuren of twee ramen en drie deuren, twee steden en vijf dorpen, drie dagen en drie nachten, vier bedden met twee dekens.

Translate into Dutch:

2. cities rolls eggs cups stores rooms daughters songs keys girls tables guilders cars ships children roads;
brothers and sisters, mothers and fathers, sons and daughters; men, women and children, cities or villages, knives, forks and spoons, two cities and four villages, three cups and three spoons, two rooms with four windows, five days and four nights, two photos, four cities in two provinces;

* The exercises to be found translated in the key will be numbered consecutively throughout.

chairs beds doors books shoes names trees dikes clocks houses ties churches plates pens eyes bottles boats men animals farmers minutes;
avenues or streets, knives and forks, newspapers or books, men and women, hands and feet, houses or churches, doors and windows.

4 The articles, demonstratives

1. The DEFINITE ARTICLE in Dutch is either *de* or *het*. *De* is used as the singular definite article with roughly two thirds of Dutch nouns, which can be called 'common' gender.*

de man	'the man'	*de straat*	'the street'
de vrouw	'the woman'	*de bloem*	'the flower'

Het, always unstressed and pronounced without the *h*, is the singular definite article used with the remaining nouns:

het boek	'the book'	*het kind*	'the child'
het raam	'the window'	*het meisje*	'the girl'

These are the so-called neuter nouns. Few rules can be given that will help a beginner in telling whether a noun is common or neuter in gender, with one exception: all diminutives are neuter.

de kat	*het katje*	little cat, kitten'
het huis	*het huisje*	'little house'

The neuter words must be learned by memorizing the definite article with the noun. In the vocabularies all neuter nouns will be indicated from now on by the word *het*.

The definite article for all nouns in the plural is *de*:

de kat	*de katten*	'the cats'
de straat	*de straten*	'the streets'
het huis	*de huizen*	'the houses'
het huisje	*de huisjes*	'the little houses'

* The reason for this proportion is that the former masculine and feminine nouns have merged in gender – as far as the spoken language is concerned – into one.

2. THE WORD FOR 'THIS' follows exactly the same pattern. For the nouns of common gender it is *deze*:

deze man 'this man'   *deze vrouw* 'this woman'

For the nouns of neuter gender it is *dit*:

dit boek 'this book'   *dit meisje* 'this girl'

And all plural nouns of whichever gender use *deze*:

deze mannen	'these men'	*deze vrouwen*	'these women'
deze boeken	'these books'	*deze meisjes*	'these girls'

3. THE WORD FOR 'THAT' is analogous. For the common nouns it is *die*:

die man 'that man'   *die vrouw* 'that woman'

For neuter nouns it is *dat*:

dat boek 'that book'   *dat meisje* 'that girl'

And for all plurals *die*:

die mannen	'those men'	*die vrouwen*	'those women'
die boeken	'those books'	*die meisjes*	'those girls'

4. THE DEMONSTRATIVE ADJECTIVES can be used in Dutch without a noun; in these cases English usually adds 'one' in the singular:

(*de krant*)	*Deze* (*die*) *is groot*	(the newspaper)	This (that) one is large
(*het boek*)	*Dit* (*dat*) *is goed*	(the book)	This (that) one is good
(*de boeken*)	*Deze* (*die*) *zijn goed*	(the books)	These (those) are good

Dutch often uses a neuter article or demonstrative with a plural verb form when the plural noun referred to is thought of as a group rather than as individuals:

het zijn goede boeken	they are good books
dit zijn goede boeken	these are good books
dat zijn goede boeken	those are good books

5. THE INDEFINITE ARTICLE 'a, an' is *een* for both genders, always unstressed and pronounced about like English *an-* in 'another'. As in English, there is no plural.

een man 'a man'   *een boek* 'a book'

The same word stressed means 'one', and is then pronounced with the vowel *ee* and usually spelled *één* to distinguish it from the indefinite article.

Vocabulary

biblio'theek [-tayk], library
het brood, bread
doos, box
een, one
het gebouw, building
goed, good
gracht, canal (in town)
groot, large
heeft, has
hier, here
hond, dog
is, is
kat, cat
keuken, kitchen
klein, small

koffie, coffee
lucifer, match
maar, but
melk, milk
onder, under
het oor, ear
op, on
schoon, clean
het stuk, piece
thee [tay], tea
vogel, bird
voor, for
het water, water
zeep, soap
zijn, are

Neuter nouns with which you have become familiar in previous lessons are:

het bed, bed
het been, bone
het boek, book
het bord, plate
het dak, roof
het dier, animal
het dorp, village
het ei, egg
het glas, glass

het huis, house
het lied, song
het meisje, girl
het mes, knife
het oog, eye
het raam, window
het schip, ship
het volk, people

Idiomatic expressions

Note the absence of a word for 'of' in the following:

een glas water   a glass of water
een doos zeep   a box of soap
een kopje koffie   a cup of coffee
een stuk brood   a piece of bread

Exercises

Change to the plural:

de kat, deze kat; het huis, dit huis; deze stad, die stad; die auto, de auto; de vogel, deze vogel, die vogel; de winkel, die winkel; het meisje, dit meisje; deze zoon en dochter; het glas, het kopje en de fles; de krant op de tafel; het bord op de tafel; het mes, de vork en de lepel; dit schip, dat schip; de hond, die hond, deze hond; een kind, het kind, dit kind, dat kind.

Translate into English:

3. 1. Deze man, die man; deze vrouwen, de vrouwen, die vrouwen; die gebouwen, de gebouwen in deze stad; een gracht, het water in de grachten; dit glas, het water in dit glas, de melk in deze glazen; een broodje, de broodjes, deze broodjes; deze koffie en die thee; een schip op het water; het ei, twee eieren, deze eieren, die drie eieren; die eieren zijn klein. 2. De man is in het huis. 3. De melk is in de fles, en de fles melk is in de keuken. 4. Dit huis heeft twee ramen en twee deuren. 5. De lucifers zijn in de doos op de tafel. 6. Hier is een doos lucifers. 7. Deze stad is groot, maar die is klein. 8. Vijf glazen en vijf kopjes zijn schoon. 9. Die man heeft vier kinderen: drie dochters en één zoon. 10. De bibliotheek is in deze straat. 11. De koffie is in een kopje, maar de melk is in een glas. 12. Een kopje koffie of een glas melk? 13. Een man heeft twee ogen en twee oren. 14. Koffie voor moeder en vader, maar melk voor de kinderen.

Translate into Dutch:

4. 1. The egg, this egg, these eggs; a street, that street, a child; the child, the children, these children; these buildings, this building, the buildings in this city; these villages, the villages in this province; those knives, forks and spoons; these two windows, those three windows, those two windows are large; the girls, these girls, this girl; a ship, the ship, those ships, these ships on the water; the men, those men, these men; a piece of bread; under the table; under those tables. 2. The buildings in this city are large. 3. The cat is in the kitchen. 4. The cups and spoons are on the table, but the glasses are in the kitchen. 5. This knife is for the bread. 6. The woman has a piece of soap. 7. This city has a library and four churches. 8. This church is small, but that one is large. 9. The dog is small. 10. The books are in the library. 11. This house is large, but the rooms are small. 12. The bed is clean.

5 Personal pronouns; the verb

1. The subject forms of the personal pronouns are:

Singular			Plural		
ik,	*'k*	I	*wij,*	*we*	we
jij,	*je*	you (fam.)	*jullie,*	*je*	you (fam.)
hij,	*ie*	he			
zij,	*ze*	she	*zij,*	*ze*	they
het,	*'t*	it			
u		you (pol.)	*u*		you (pol.)

Most of the pronouns have two forms. The first is the emphatic or stressed form, used regularly in writing, but used in speaking only for particular emphasis on the person. The second is the non-emphatic or unstressed form, the one used in speaking where the emphasis is usually not on the pronoun but on the accompanying verb. The non-emphatic forms are often used in less formal writing. The pronoun forms *'k, 't, je, ze, we* are pronounced with the very short *e*-sound heard in unstressed syllables; the first two usually merge almost completely with the following word, as in English *'twas.*

The pronoun *u* is used as a polite form to casual acquaintances, strangers, superiors and in general to older persons. Like English 'you' it can refer to one person or several persons. The familiar *jij, jullie* are used to relatives, close friends and any persons below about 18. Generally speaking it is advisable to translate English 'you' by *u* unless there is a specific reason for using *jij* or *jullie.*

2. Since THINGS in Dutch may have one of two genders, *het* must be used only for those nouns which are neuter and *hij* for all others, even though to a speaker of English this seems to violate a feeling

that inanimate objects cannot be personalized with the word 'he':

| **de** *auto:* | **hij (die)** *is bruin* | the car: | it is brown |
| **het** *huis:* | **het** *is wit* | the house: | it is white |

However, *het* is used in the introductory phrase 'it is', 'they are', when the object(s) or person(s) have not been specifically named as yet:

het is mijn auto   it is my car
het zijn onze vrienden   they are our friends

3. THE VERB, PRESENT TENSE. Dutch verbs are always cited in the infinitive form. This, with a few exceptions to be discussed in the following chapter, regularly ends in -*en*. In order to conjugate a verb this ending is removed, leaving the STEM, to which the appropriate personal endings are then added. In the present tense the verb assumes only three different forms.

helpen   'to help'
stem   *help-*

		(endings)
ik help	*help ik?*	—
jij helpt	*help je?*	*t*
hij ⎤	*helpt hij?*	
zij ⎬ *helpt*	*helpt ze?*	*t*
het ⎦	*helpt het?*	
u helpt	*helpt u?*	*t*
wij helpen	*helpen we?*	*en*
jullie helpen	*helpen jullie?*	*en*
zij helpen	*helpen ze?*	*en*

Note the following:

(a) The pronoun *u*, referring to one or more persons, always takes a singular form of the verb.

(b) When *jij* (*je*) follows the verb form, for instance in asking a question, the verb always drops the ending -*t*.

(c) When *hij* follows the verb it is pronounced *ie* (e.g. *helpt hij* is pronounced *helpt-ie*) in ordinary speech, unless the pronoun receives special emphasis, but is not usually written this way.

(d) The pronouns for 'she' and 'they' are identical. But the form of the accompanying verb always serves to indicate which is intended.

4. Many verbs change their spelling in the various forms of the conjugation, following regularly the spelling rules given in Chapter 2:

leggen 'to lay'	*maken* 'to make'	*schrijven* 'to write'	*lezen* 'to read'
stem *leg-*	stem *maak-*	stem *schrijf-*	stem *lees-*
ik leg	*ik maak*	*ik schrijf*	*ik lees*
jij legt	*jij maakt*	*jij schrijft*	*jij leest*
hij legt	*hij maakt*	*hij schrijft*	*hij leest*
wij leggen	*wij maken*	*wij schrijven*	*wij lezen*
jullie leggen	*jullie maken*	*jullie schrijven*	*jullie lezen*
zij leggen	*zij maken*	*zij schrijven*	*zij lezen*

5. In asking a YES-NO QUESTION (English: 'do you help?'') the position of subject and verb in Dutch are simply inverted; questions are never asked with an equivalent of the English 'do' plus verb:

| *maak ik?* *schrijft hij?* | do I make? does he write? |
| *lezen jullie?* *helpen zij?* | do you read? do they help? |

Dutch never uses an equivalent of the English 'do' as a helper to another verb, and there is no verbal form equivalent to what we call the 'progressive' form.* Accordingly 'he helps', 'he is helping'. 'he does help' are all rendered alike in Dutch:

| *ik schrijf* | I write, I am writing, I do write |
| *wij lezen* | we read, we are reading, we do read |

A verb is negated simply by the addition of the adverb *niet:*

hij helpt niet	he does not help
ik schrijf niet	I do not write
leest hij niet?	doesn't he read?

Vocabulary

aan, to, on	*altijd*, always
al, all **	*bijna*, nearly
allemaal, all **	*blijven*, to stay
alles, everything	*bouwen*, to build
alstu'blieft, please	*breken*, to break

* A construction somewhat analogous to the English progressive will be discussed in Chapter 17.

** 'All' before a noun is *al: al de kinderen.* 'All' after a noun or pronoun is *allemaal: de kinderen zijn allemaal klein.*

danken, to thank	*naar*, to
drinken, to drink	*nee*, no
genoeg, enough	*niet*, not
gooien, to throw	*niets*, nothing
groen, green	*nooit*, never
grond, floor	*pijp*, pipe
hangen, to hang	*radio*, radio
hier'naast, next door	*roken*, to smoke
horen, to hear	*spiegel*, mirror
huren, to rent	*stu'dent*, student
iets, something	*suiker*, sugar
ja, yes	*thuis*, at home
kloppen, to knock	*uit*, out of, from
koekje, cookie	*vallen*, to fall
kopen, to buy	*van*, from
lachen, to laugh	*van'daag*, today
langs, along	*vriend*, friend
lopen, to walk	*wonen*, to live
me'neer, sir	*zonder*, without
me'vrouw, ma'am	

Idiomatic expressions

alstu'blieft (als 't u belieft)	please (literally 'if it pleases you')
een kopje koffie, alstu'blieft	a cup of coffee, please
dank u wel	thank you very much
niets te danken	you're welcome
bijna nooit	hardly ever
hij is student	he is a student
naar de stad	down town
de Molenstraat, de Breestraat	Molenstraat (Mill St.), Bree-straat (Broad St.)

Exercises

Conjugate the following verbs:

roken	wonen	gooien	bouwen	blijven	hangen
huren	kloppen	vallen	lopen	drinken	horen

Give the infinitive form of the following verbs and translate:
jij helpt, hij leest, loop je? horen we? jullie kopen, hangt het?

valt ze? val je? zij lachen, zij lacht, help ik? wij spreken, jij schrijft, leest u? ik hoor, jullie lachen, zij roken, hij bouwt, zij gooit, rook ik? het hangt, zij wonen, woont zij? ik gooi.

Translate into English:

5. 1. Hij blijft twee dagen. 2. De kinderen van hiernaast kloppen op de deur. 3. Hij is student in Amsterdam. 4. Wij lezen de boeken niet thuis, maar in de bibliotheek. 5. Zij bouwen een huis in de stad. 6. Lees je de krant? 7. Ik huur een kamer in de Molenstraat. Hij is niet groot. 8. Wij wonen niet in de stad. 9. Hoor je de radio? 10. Ja, ik hoor iets. Nee, ik hoor niets. 11. Hij drinkt een glas water. 12. Wij zijn altijd thuis. 13. De spiegel valt op de grond. 14. Ik drink koffie en thee zonder melk, maar met suiker. 15. Hij schrijft een brief aan een vriend. 16. Zij loopt naar de stad. 17. Rook je sigaretten of een pijp? 18. Dank je voor de koffie. Dank u voor alles. 19. Dank u wel, meneer!* Dank u wel voor al die boeken, mevrouw!* Niets te danken, meneer!* 20. De bakker heeft vandaag brood, broodjes en koekjes. Twee broodjes alstublieft.

Translate into Dutch:

6. 1. He has all the books in that room. 2. I knock at the door, but he is not at home. 3. He has a car and a bicycle, but those are not enough. 4. Thank you very much. 5. Do you live in a city or in a village? 6. In a city, but it is small. 7. The mirror falls on the floor and breaks. 8. She is buying tea and coffee in the city. 9. The water in the canals is green. 10. We walk along the canals. 11. Are the children all at home? 12. I walk from the house to the library. 13. We buy bread, but hardly ever rolls or cookies. 14. We are renting two rooms, but they are not large. 15. I hear something. Is the radio on (*aan*)? 16. No, the radio is hardly ever on. 17. I am putting (= laying) the plates, glasses and cups on the table. 18. Those cups are not large enough. 19. He throws the book on the chair. 20. She is buying blankets for the beds. 21. Does he live here or not? Yes or no?

---

* Notice in these sentences that Dutch often uses terms of direct address equivalent to our 'sir' and 'ma'am' where they would not be used in English.

6 The verb (continued). Hebben and zijn. Imperative

1. When the stem of a verb ends in -*t*, the ending -*t* for the second and third persons singular is not added.

zitten 'to sit'
ik zit
jij zit
hij zit
wij zitten
   (etc.)

weten 'to know'
ik weet
jij weet
hij weet
wij weten
   (etc.)

Verbs whose stems end in -*d*, however, do add the -*t* in the second and third person singular, even though this makes no difference in pronunciation:

rijden 'to ride'
ik rijd, rij
jij rijdt
hij rijdt
wij rijden
   (etc.)

houden 'to hold'
ik houd, hou
jij houdt
hij houdt
wij houden
   (etc.)

The verbs *rijden*, *snijden* and *houden* as spoken and written normally drop the -*d* of the stem as well as the -*t* of the second person singular in the inverted form:

rij je?   do you ride?
snij je?   do you cut?
hou je?   do you hold?

The same is true of *vinden*, though normally only in the spoken language:

vind je (spoken *vin je*)	do you think?
vind je niet? (*vin je niet*)	don't you think so?

2. There are five monosyllabic verbs, all of them of very frequent occurrence, whose infinitives do not end in *-en* but in *-n*. Otherwise they are regular:

gaan 'to go'	*doen* 'to do'
ik ga	*ik doe*
jij gaat	*jij doet*
hij gaat	*hij doet*
wij gaan	*wij doen*
jullie gaan	*jullie doen*
zij gaan	*zij doen*

Similar to *gaan* are *staan* 'to stand' and *slaan* 'to strike'; similar to *doen* is *zien* 'to see'.

3. The stem vowel of the verb *komen* is short in the singular but long in the plural:

> *ik kom*   (not '*koom*', as would be expected)
> *jij komt*
> *hij komt*
> *wij komen*
> *jullie komen*
> *zij komen*

4. The indispensable *hebben* 'to have' and *zijn* 'to be' show irregularities in their present-tense conjugation:

ik heb	*ik ben*
jij hebt (*heb je?*)	*jij bent* (*ben je?*)
hij	*hij*
zij heeft	*zij is*
het	*het*
u hebt, heeft	*u bent, is*
wij hebben	*wij zijn*
jullie hebben	*jullie zijn*
zij hebben	*zij zijn*

The pronoun *u* is accompanied by either *hebt* or *heeft,* usually the former. *U* is likewise accompanied by either *is* or *bent,* the latter much more frequent.

5. THE IMPERATIVE is merely the stem of the verb:

kijk eens [es]!	look!
wacht eens [es] *even!*	wait a minute!
ga weg!	scram!

When the tone of command is to be softened and one of advice suggested, the pronoun *u* is used and *-t* is then added to the verb:

komt u binnen!	come in!
neemt u dit boek!	take this book!

Vocabulary

achter, behind
al, already
allerlei, all kinds of
appel, apple
binnen, inside
boekenplank, bookshelf
boterham, (open) sandwich
boven, above
daar, there
duur, expensive
eta'lage [ay-ta-'la-zhe], store window
eten, to eat
even, a moment; just
geen, no (not any)
het geld, money
goed'koop, cheap
hoek, corner
jas, coat
kast, closet
kijken naar, to look at

klaar, ready
kosten, to cost
langzaam, slowly
mooi, nice, pretty
naast, beside
nu, now
ont'moeten, to meet
het ogenblik, moment
het paar, pair
een paar, a few
praten, to talk
het schoteltje, saucer
te, too
tijd, time
tram [trem], streetcar
tramhalte, streetcar stop
tuin, yard
veel, much, a lot
verstaan, to understand
vinden, to find, think
wachten (*op*), to wait (for)

Idiomatic expressions

Heb je zin in een kopje koffie? How about a cup of coffee?
Ik heb honger (dorst) I am hungry (thirsty)
aan tafel at the table
hij heeft een huis nodig he needs a house
vindt u niet? don't you think so?
vind je niet?

Exercises

Identify the following by supplying infinitive and meaning:
lees! – u bent – jij staat – sta ik? – praat je? – versta je? – ik doe –
ga! – doe je? – zijn jullie? – heeft u? – wacht! – zij houdt – zij
houden – rijd je? – jij rijdt – ziet u? – eet! – het kost – hij ontmoet –
leest u? – u hebt

Translate into English:

7. 1. De tuin is achter het huis. 2. Wij gaan nu naar de stad.
3. Ik heb een jas nodig. 4. Heb je geld genoeg? Nee, ik heb geen
geld. Ik heb een paar gulden nodig. 5. Wij wonen naast de kerk.
6. Praat langzaam, alstublieft. Ik versta u niet. 7. Bent u bijna
klaar? Ja, ik ben nu klaar. 8. Hier is de tramhalte. Wij wachten
hier op de tram. 9. Ik zie de tram al. Hij is vandaag op tijd.
10. Op de hoek is de winkel, achter de kerk. 11. Het gebouw naast
de kerk is de bibliotheek. 12. Kijk daar in die etalage! Die jas is
mooi, en niet duur. 13. Wij kijken naar allerlei jassen, maar zij zijn
allemaal te duur. 14. Heb je zin in een kopje thee? Ja, ik heb
dorst. 15. Hij eet geen appels. Hij eet nooit appels. 16. Die hoed
daar in de etalage is niet goedkoop, hij is duur. 17. De kast is
achter die tafel daar. 18. Hij praat veel. Hij praat te veel. 19. Ik
vind ze niet goedkoop.

Translate into Dutch:

8. 1. I am standing on a corner and waiting for a friend. 2. He
is not on time. 3. We are sitting at the table. 4. Beside the closet,
above the table, is a bookshelf. He reads a lot. 5. Are you eating a
sandwich? Yes, I am hungry. 6. Take an apple! They are all good.
7. No, I am not eating, I am reading. 8. I have no time. I am going
down town. 9. Do you understand it? No, he does not understand
it. 10. I meet Jan in the store. 11. He needs a coat, but he hasn't

enough money. 12. Coats are not cheap. They are expensive. 13. These books are all too expensive. 14. They are waiting for the streetcar, but they are not talking. 15. Behind the door is a closet, and in this closet are the plates, cups and saucers, glasses, knives, forks and spoons. 16. The room has two windows and one door. 17. Do you think it is expensive?

7 Reading Selections. The place of the verb

Vocabulary

aan, at
al'leen, only
als, as
bank, bank
be'kend, known
boot, boat
breed, wide
brug, bridge
buiten, outside
het ca'fé, cafe
het centrum, center
het deel, part
dicht'bij, near
door, through
druk, busy
duren, to last
el'kaar, each other
erg, very
even, just as
Gouden Eeuw, Golden Age
   (the 17th century)
handel, trade
haven, harbor
een heleboel, a lot of
hoofdstad, capital
het ho'tel, hotel

indus'trie, industry
mens, person; *mensen*, people
mis'schien, perhaps
moeilijk, difficult
Nederland, the Netherlands
net, just
nieuw, new
onge'veer, about
ook, also
het or'kest, orchestra
overkant, other side
par'keren, to park
het plein, square
het postkantoor, post office
rechts, right
het restau'rant, restaurant
rondvaart, boat tour
het schilde'rij, painting
school, school
smal, narrow
het stad'huis, city hall
tocht, trip
het trot'toir [-twar], sidewalk
tussen, between
uit, out of
vaak, often

varen, to go (by water)
ver, far
het verkeer, traffic
verlicht, illuminated

vóór, in front of
wel, probably
het woonhuis, dwelling
zo, that way

Idiomatic expressions

's avonds	in the evening (every evening)
's middags	in the afternoon
's morgens	in the morning
o.a. = onder anderen	among others
er is, er zijn	there is, there are
de stad in	into the city
de brug over	over the bridge

In a Dutch declarative sentence, the main conjugated verb must stand second.

If anything but the subject of the verb – usually an adverb or phrase – comes first in the sentence, the order of subject and verb is reversed so that the verb may stand in second place. Note carefully in the following readings how this important rule is illustrated.

Vandaag maken wij een tocht door de stad. Wij lopen de stad in. Nu komen wij aan een plein in het centrum. Op dit plein staat het stadhuis, en naast het stadhuis is een bank. Op het plein in het centrum van de stad, dichtbij die twee gebouwen, is ook het postkantoor. Niet ver van het post-kantoor is een van de twee kerken. Tussen het postkantoor en de kerk is een hotel met een restaurant. Uit het restaurant komt net een man. Hij loopt naar

het postkantoor. Misschien werkt hij daar. In het café daar en op het trottoir vóór het café zitten een heleboel mensen. Zij drinken koffie en praten met elkaar. Door de stad loopt een gracht, en langs deze gracht staan bomen. Wij lopen de brug over, en aan de overkant gaan wij naar rechts. In dit deel van de stad zijn veel huizen. Kijk, in al deze huizen zijn winkels. De mensen hebben een winkel in het huis en wonen boven of achter de winkel. Hier in het centrum is het altijd zo. Dat gebouw daar is een van de drie scholen. Het is groot, niet waar? Nu zijn wij buiten de stad. Dit deel van de stad is nieuw en heeft alleen woonhuizen zonder winkels. Deze huizen zijn groot en vóór de huizen staan bomen. In het centrum zijn de straten erg smal, maar hier zijn ze breed. De stad is wel mooi, vind je niet?

Amsterdam

Amsterdam is de hoofdstad van Nederland, de stad van het Concertgebouw en het Concertgebouworkest. Dichtbij het Concertgebouw staat het Rijksmuseum. Het Rijksmuseum heeft schilderijen van o.a. Rembrandt en Vermeer.

Amsterdam is een stad met veel water. De grachten van de stad zijn ver buiten Nederland bekend. Een rondvaart door Amsterdam duurt ongeveer één uur. Een boot vaart door de grachten en de haven. 's Avonds zijn de grachten en veel bruggen verlicht. Veel woonhuizen uit de Gouden Eeuw staan langs de grachten.

Amsterdam is ook een stad van handel en industrie. Het verkeer in de stad is erg druk. De straten staan vol auto's, en het is vaak moeilijk te parkeren.

8 *The adjective. Comparison*

1. An adjective modifying a noun generally stands immediately before it, as in English. When it does, it usually takes the ending *-e:*

de jonge man	the young man
deze jonge mensen	these young people
het jonge meisje	the young girl
hij is een goede leraar	he is a good teacher
dit zijn goede boeken	these are good books
goede morgen!	good morning!

2. A small number of common adjectives ending in *-d* replace this sound, on addition of an ending, with another one. In *goed* and *rood* the *d* becomes *j:*

(written)	(pronounced)
goede	*goeie*
rode	*rooie*

Adjectives with the diphthong *ou* replace such a *d* between vowels with *w:*

oude	*ouwe*
koude	*kouwe*

The 'written' forms are often used in careful or formal speech, and the 'spoken' forms characteristic of colloquial speech are occasionally written this way.

3. There are a number of instances in which no ending is added to the adjective. When the adjective follows the noun it modifies:

deze roman is niet interessant	this novel is not interesting
de kinderen zijn klein	the children are small

when the adjective precedes the noun but already ends in *-en:*

een gouden ring	a gold ring
het gebroken glas	the broken glass
de open deur	the open door

when the adjective precedes a NEUTER SINGULAR noun and there is no article:

koud water	cold water
mooi weer	good weather

and when the noun is a neuter singular and the adjective is preceded by *een:*

een goed boek	a good book
een bekend orkest	a well-known orchestra
een duur restaurant	an expensive restaurant

The adjective likewise has no ending when it modifies a neuter singular noun and is preceded by *elk*, *ieder* 'each', *veel* 'much', *menig* 'many a', *welk* 'which', *zulk* 'such', *geen* 'no':

ieder interessant boek	each interesting book
welk duur restaurant?	which expensive restaurant?
geen bekend orkest	no well-known orchestra

Note carefully that *geen* is invariable, as is *een*, whether the following noun is neuter singular or not:

een interessante roman	an interesting novel
geen drukke haven	no busy harbor

but that all the rest of these require the ending *-e* when the noun is other than neuter singular (with the exception of *veel*, which in colloquial speech is also invariable):

iedere interessante roman	each interesting novel
welke bekende orkesten?	which well-known orchestras?
elke drukke haven	every busy harbor
vele interessante romans	many interesting novels
(spoken) *veel interessante romans*	

4. When the noun refers to a male person and the adjective is preceded by *een*, normally an ending is used if the adjective refers to outer qualities but it is without an ending if it refers to innate qualities:

een grote man	a big man
een groot man	a great man
een dikke musicus	a fat musician
een talentvol musicus	a talented musician
een jonge leraar	a young teacher
een bekwaam leraar	a capable teacher

This seemingly minor grammatical distinction is exploited by Dutch speakers and writers for expression of a wide variety of subtle semantic nuances. This very fact, plus the fact that Dutch speakers themselves are not always in agreement about its usage, makes it impossible to deal with satisfactorily here. Its use is best learned by patient observation rather than by rule.

5. The adjectives formed from *links* 'left' and *rechts* 'right' have an invariable ending *-er* and are often written as one word with the noun they modify:

hij schrijft met de linkerhand	he writes with his left hand
het linkeroog, het rechteroog	the left eye, the right eye
de rechter kant van de straat	the right side of the street

6. ADVERBS have the same form as the uninflected adjective, as they often do in colloquial English*:

het zijn aardige mensen	they are nice people
zij zingt aardig	she sings nicely
hij schrijft goede brieven	he writes good letters
hij schrijft goed	he writes well

The adverb *heel* 'very' usually takes on the form of an inflected adjective when it stands before one:

een hele mooie dag	a very nice day
hele grote bloemen	real large flowers

7. COMPARISON OF ADJECTIVES AND ADVERBS. The endings of the comparative and superlative are *-er* and *-st:*

groot	*groter*	*grootst*	'large'
jong	*jonger*	*jongst*	'young'
aardig	*aardiger*	*aardigst*	'nice'

* In the vocabularies in this book, the English adverb orms will not be listed separately when they consist simply of the addition of -ly to the adjective. Thus '*aardig*, nice' implies also 'nicely'.

These endings can be added to adjectives of any length:

belangrijk	*belangrijker*	*belangrijkst*	'important'
interes'sant	*interes'santer*	*interes'santst*	'interesting'

Adjectives ending in *-r* insert *-d-* before the comparative *-er:*

zwaar	*zwaarder*	*zwaarst*	'heavy'
duur	*duurder*	*duurst*	'expensive'
ver	*verder*	*verst*	'far'
lekker	*lekkerder*	*lekkerst*	'tasty, delicious'

There are a few irregular comparatives and superlatives:

goed	*beter*	*best*	'good'
veel	*meer*	*meest*	'much'
weinig	*minder*	*minst*	'little'
graag (adv.)	*liever*	*liefst*	'gladly'

As far as endings are concerned comparatives and superlatives behave as any other adjectives, with the exception that comparatives with three or more syllables do not add *-e:*

een betere weg	a better road
de belangrijkste man	the most important man
de grootste van de twee	the larger (largest) of the two

but:

een belangrijker man	a more important man
het lekkerder brood	the tastier bread

8. When the superlative is used as an adverb, it sometimes takes the ending *-e* and is always preceded by *het:*

in het voorjaar zijn de vogels het mooist(e)	in the spring the birds are prettiest
zij zingt het best(e)	she sings the best
in de winter is het weer het koudst	in the winter the weather is the coldest

9. Adjectives take the ending *-s* when occurring after *iets, niets* or *wat:*

iets lekkers	something tasty
niets nieuws	nothing new
wat moois	something pretty

Vocabulary

als, as	*meestal*, mostly
ander, other	*me'vrouw*, Mrs.*
avond, evening	*middag*, afternoon
bloem, flower	*mijn'heer* (*me'neer*), Mr.*
dan, than	*morgen*, morning
dik, fat, thick	*nat*, wet
dragen, to wear	*nog*, still, even
droog, dry	*pas*, not until
fietsen, to cycle	*regen*, rain
geel, yellow	*rijk*, rich
gemakkelijk, easy	*ri'vier*, river
gewoon, ordinary	*ro'man*, novel
heel, whole	*rood*, red
herfst, fall	*sinaasappel*, orange
heten, to be called	*sneeuw*, snow
hoog, high	*soep*, soup
jongen, boy	*vroeg*, early
juffrouw, Miss *	*warm*, warm
kleren (plural), clothing	*het weer*, weather
krijgen, to get	*worden*, to become
laat, late	*zeker*, certain
lang, tall (of persons)	*zingen*, to sing
langzaam, slow	*zomer*, summer

Idiomatic expressions

ik eet graag sinaasappels	I like to eat oranges
ik eet nog liever appels	I would rather eat apples
ik eet het liefst koekjes	I like best to eat cookies

* The words *mevrouw*, *mijnheer* (*meneer*) and *juffrouw* are all the spoken forms o the titles; note that, unlike English, Dutch can use these either with the name or as independent forms of address without a name. The more formal written language, for instance the usage in letters, requires somewhat different forms:

mijnheer, meneer	*De heer* (occasionally *Dhr.*)
mevrouw	*Mevrouw* (*Mevr.*)
juffrouw	*Mejuffrouw* (*Mej.*)

Due to a recent movement to eliminate the distinction made in titles used for women, *Mevrouw* (*Mevr.*) is now often used for all women regardless of age or marital status.

47

hoe warmer hoe beter	the warmer the better
hoe meer hoe beter	the more the merrier
nog een kopje thee	another cup of tea
hij woont hier niet meer	he doesn't live here any longer
hij is even lang als ik ⎫ *hij is net zo lang als ik* ⎭	he is just as tall as I

Exercises

Supply the appropriate form of the adjective:

(groot) de ...... man, een ...... man, een ...... huis, het huis is ......

(oud) een ...... vrouw, de vrouw is ......, ... mensen, deze ...... mensen.

(langzaam) de ...... jongen, zij zijn ......, spreek ......!

(aardig) het kind is ......, een ...... kind, ... mensen, een ...... meisje.

(nat) de straten zijn ......, de ...... straten, een ...... straat, die ...... jas.

Form the comparative and superlative for

vroeg	nieuw	koud	gemakkelijk
laat	ver	dik	hoog
zeker	mooi	langzaam	goed

Translate into English:

9. 1. Goede middag, meneer Roes! Goedenavond, mevrouw Theunisse. 2. Het is mooi weer vandaag. 3. Ja, het is een mooie dag. 4. Het koude weer komt pas later. 5. De kleine bloemen zijn veel mooier dan de grote. 6. De hele kleine bloemen zijn niet zo mooi. 7. Rode bloemen zijn altijd mooier dan witte bloemen. 8. Ik fiets graag in de zomer, maar nog liever in de herfst. 9. Hij leest het liefst een roman. 10. Dit brood is duur, maar broodjes zijn nog duurder. 11. Het duurdere brood is niet altijd het beste. 12. Die andere bloemen zijn de mooiste. 13. Wordt de soep niet te dik? Nee, hoe dikker hoe beter. 14. Dat is niets nieuws. 15. Hij is een belangrijk man. Ja, hij is een heel bekend musicus. 16. Voor het huis zien wij veel hoge bomen. 17. Die bomen hebben in de zomer groene bladeren en in de winter geen bladeren. 18. In de herfst hebben ze gele en rode bladeren. 19. Hij heet Theunisse, of iets dergelijks. 20. Rijke mensen dragen dure kleren. 21. Piet is een lange man, nog langer dan ik. 22. Nog een glas melk? Ja, alstublieft. 23. De grootste rivieren van Nederland zijn de Rijn, de Maas, de Waal en de IJssel.* 24. Het hele boek is erg moeilijk. Nee, het is een gemakkelijk boek. 25. Eet toch een van die lekkere sinaasappels. 26. Aan de linker kant van de straat ziet u het postkantoor. 27. In de herfst krijgen wij veel regen.

Translate into Dutch:

10. 1. The bread is too dry. 2. This dry bread is not good. 3. I have few books, but he has still fewer books. 4. Those large trees in front of the house are very pretty. 5. It is an important book. 6. The trees are even prettier in the summer. 7. I need a new car. 8. But you have a car. Isn't that good enough? 9. No, that one is too big and too expensive. 10. I need a cheap car. I am not rich. 11. She likes to wear something new. 12. Take another orange! No, thank you. 13. Is it an interesting book? 14. Yes, but that other one is more interesting. 15. She (*het*) is a nice girl. 16. Yes, she is nice, but not pretty. 17. Good evening, Mr. Theunisse. Good evening, Mrs. Daan. Good morning, Miss Boeren. 18. Ordinary people do not buy the most expensive clothes. 19. I don't have it any longer. 20. Isn't the glass dry? 21. In the winter we get a lot of snow.

* When the diphthong *ij* stands at the beginning of a word which must be capitalized, both letters are capitalized: het IJ, IJmuiden, de IJssel.

9 *Object pronouns. Reflexives*

1. The personal pronouns used for the object of a verb are:

(singular)			(plural)		
mij,	*me*	me	*ons*		us
jou,	*je*	you (fam.)	*jullie, je*		you (fam.)
hem,	*'m*	him			
haar, d'r		her	*hun, hen, ze*		them
het,	*'t*	it			
u		you (pol.)			

Here, too, we have both stressed and unstressed forms of the pronouns. *Mij* and *haar* are the usual written forms; *jou* ordinarily stresses familiarity or is used for special emphasis.

The same pronouns are used for the direct and indirect object and with prepositions:

ik zie hem	I see him
zij zien ons	they see us
ik geef hem het geld	I give him the money
zij geven ons het geld	they give us the money
ik doe het voor hem	I am doing it for him
zij doen het voor ons	they are doing it for us

Het, however, is never used after prepositions. For the special construction used in this case, see Chapter 22.

Bear in mind that inanimate objects of common gender must be referred to by *hem*:

hij verkoopt de auto	he is selling the car
hij verkoopt hem	he is selling it

The pronoun used for the third person plural is *hun; hen* is some-times used in more formal speech or in writing as the direct object and after prepositions:

ik geef hun het geld	I give them the money
ik zie hun (hen)	I see them
wij ontmoeten hun (hen) later	we are meeting them later
wij doen het voor hun (hen)	we are doing it for them

In more familiar speech, the unstressed *ze* can be substituted in all cases; this is the *only* choice when the pronoun refers to things:

Daar staan Piet en Gerrit.	there are Piet and Gerrit.
Ik zie ze niet.	I don't see them.
Ik geef ze het geld.	I give them the money.
Heb je de appels?	Do you have the apples?
Ja, ik heb ze.	Yes, I have them.

2. A subject or object pronoun in the third person when stressed often turns up as *die:*

Hij weet het wel	He knows it all right
Die weet het wel	HE knows it all right
Ik ken haar (d'r) niet	I don't know her
Die ken ik niet	I don't know HER

Parenthetically it might be noted, while we are talking about *die*, that it is used frequently in the colloquial language as an unstressed form of *hij* and less often of *zij:*

Het spijt me, maar die (hij) is nog niet klaar	I'am sorry, but he isn't ready yet
Heeft hij (= heeft-ie) de koffer al klaar?	Does he have the suitcase ready yet?

Further discussion of the many subtleties in the usage of *die* would lead beyond the scope of our elementary grammar.

3. When a sentence contains two objects, the direct (usually a thing) and the indirect (usually a person) occur in various sequen-ces depending upon whether they are pronouns or nouns. Observe the following examples:

(a)	*ik geef het hem*	I give it to him
(b)	*ik geef hem het geld*	I give him the money
(c)	*ik geef het geld aan hem*	I give the money to him
(d)	*ik geef het aan de man*	I give it to the man

(e) *ik geef de man het geld*	I give the man the money
(f) *ik geef het geld aan de man*	I give the money to the man

4. When the object of a verb is the same person as the subject, i.e., when the subject acts upon himself, the object is then called REFLEXIVE. The reflexive pronouns in Dutch for the first and second persons are simply the object pronouns:

wij wassen ons	we wash (ourselves)
ik scheer mij	I shave (myself)
jullie vergissen je	you are wrong

The third person uses *zich* for the singular and plural:

hij wast zich	he washes (himself)
zij vergissen zich	they are wrong

With *u*, either *u* or *zich* can be used as reflexive pronoun

u wast u	you wash (yourself)
wast u zich?	do you wash (yourself)?

Dutch adds *-zelf* to stress the reflexive idea:

de kinderen wassen zichzelf	the children are washing themselves
ik scheer mijzelf	I shave myself (i.e., nobody else)

A number of verbs always require an object in Dutch, and these frequently appear as reflexives, e.g. *zich vergissen, zich verbazen, zich herinneren* and *zich verheugen:*

hij vergist zich vaak	he often makes a mistake
ik verbaas mij!	I am surprised!
nu herinner ik het mij	now I remember it
ik herinner mij die dag nog	I still remember that day
verheug je je op de reis?	are you looking forward to the trip?

Vocabulary

een beetje, a little	*bij*, at the house of
beide, both*	*brievenbus*, mailbox
het bezoek, visit	*bus*, box

* The written language distinguishes between *beide* 'both (things)' and *beiden* 'both (persons)'.

dezelfde (*hetzelfde*), the same	*over'dag*, during the day
het gezin, family	*plaats*, room
jammer, too bad	*reis*, trip
het kan'toor, office	*repa'reren*, to repair
kennen, to know (a person)	*schrijfmachine*, typewriter
kerel, fellow	*stuk*, broken
knap, smart	*vinden*, to find
koffer, suitcase	*vriendelijk*, nice (of persons)
na'tuurlijk, naturally	*werken*, to work
nu, now, well	*zelfs*, even
onder'weg, on the way	*zo!* there!
over, about	

Idiomatic expressions

het spijt mij	I am sorry
alles is voor elkaar (*mekaar*)	everything is $\begin{cases} \text{in order (O.K.)} \\ \text{taken care of} \end{cases}$
neemt u mij niet kwalijk ⎱ *neem mij niet kwalijk* ⎰	pardon me, my apologies
wij brengen hem een bezoek	we'll pay him a visit
ik ben nog niet * klaar	I am not ready yet
met ons allemaal	with all of us
met ons allebei	with both of us

The idiomatic use of prepositions is always one of the most difficult aspects of learning a foreign language. Usually, for instance, *op* is 'on', *bij* is 'near' and *aan* is 'at' or 'to'; but note a few cases in which the Dutch use of the preposition does not seem to correspond to the English:

hij verheugt zich op de reis	he is looking forward to the trip
ik doe een brief op de bus	I put a letter in the box (mail a letter)
op het ogenblik weet ik dat niet	at the moment I don't know that
de kinderen zijn op school	the children are at school
hij is op kantoor	he is at the office
wij praten over het weer	we talk about the weather
dat herinnert me aan hem	that reminds me of him
ik woon bij Piet	I live with Piet (at Piet's house)

* Note that the words *nog niet* always stay together in a sentence, which is not the case with the corresponding English *not yet*.

Exercises

Which object form of the pronoun will be used?

Ik geef (hij) ...... de sigaretten. Wij geven (zij) ...... een kopje koffie. Ik doe het voor (zij, pl.) ...... Zij wonen bij (wij) ...... Wij geven (zij, pl.) ...... het geld. Hebt u iets voor (ik) ......? Wij wonen naast (jij) ...... Ik zie (zij) ...... in de stad. Zij hebben (het) ...... niet. Leest u (de boeken) ...... niet? Zie je (de mensen) ...... niet? Ziet u (het meisje)** ...... niet? Wij wassen (wij) ...... Hij wast (hij) ...... Ik verbaas (ik) ......!

Translate into English:

11. 1. Ik verheug me op die reis naar Nederland. 2. Dat is heel vriendelijk van je. 3. Piet Zeilstra woont nu in Utrecht, ken je hem? 4. Natuurlijk, wij werken op hetzelfde kantoor. 5. En mevrouw Zeilstra, ken je die ook? 6. Nee, die ken ik niet. Dat is jammer. 7. Ik herinner me die reis nog. 8. Zij woont in Zwolle – nee, ik vergis me – zij woont in Deventer. 9. Het huis is groot genoeg voor ons allemaal. Zij hebben zeker plaats voor jou en mij en het hele gezin. 10. Zij wonen bij meneer en mevrouw Mulders. 11. Zij praten altijd veel over hem. 12. Breng die brief voor me naar de brievenbus, wil je? Doe hem voor me op de bus. 13. Heb je de koffer al klaar voor mij? 14. Nee, op het ogenblik heb ik hem nog niet klaar. 15. Het spijt me, maar hij (die) is nog niet klaar. Neem me niet kwalijk. 16. Zo, nu is alles voor elkaar! 17. Zelfs hij weet dat. 18. Het glas is stuk. 19. Op het ogenblik zijn de kinderen op school. 20. Dat weet ik nog niet. 21. Zij brengen ons vaak een bezoek.

Translate into Dutch:

12. 1. Many people are reading this book, but I do not find it interesting. 2. Is the post office in this street? I don't see it. 3. I meet her every day in the store. 4. Is he surprised? No, you are wrong. 5. I am sorry, but the typewriter is broken. 6. Mr. De Roode repairs typewriters. I know him well. 7. He knows us both, but he does not know us well. 8. Everything is broken. Even the typewriter is broken! 9. Does Gerrit always work with you? 10. No, we do not work together. 11. That's too bad. He's a smart

** In spite of its neuter form as a diminutive, the word *meisje* 'girl' is usually referred to by a feminine pronoun.

fellow. 12. No, I'm sorry, but you don't know him well. 13. He talks a lot but he doesn't know much. 14. I don't see her often. She works during the day. 15. The keys are lying on the table. Give them to her tomorrow! 16. Are you looking forward to the trip? 17. I live with Gerrit and Anneke. 18. We meet (each other) in the post office.

10 Possessive and interrogative pronouns

1. The possessive pronouns are:

(singular)		(plural)	
mijn, m'n	my	*ons/onze*	our
jouw, je	your	*jullie, je*	your
zijn, z'n	his, its	*hun, (d'r)*	their
haar, d'r	her		
uw	your		

As is the case with all the other pronouns, non-emphatic forms are used in everyday speech and occasionally written. *Jouw* is used only for special emphasis, the usual form even in writing being *je*. Note the spelling difference between *jou* and *jouw* (object and possessive) and *u* and *uw*.

Only the pronoun of the first person plural has two forms, the use of which depends upon the gender of the following noun. *Ons* is used before neuter singular nouns:

ons huis	our house
ons kantoor	our office

Onze is used before all other nouns:

onze tafel	our table
onze kinderen	our children

Note, however, that an adjective modifying any noun, whether the latter is neuter singular or not, requires an ending when it is preceded by a possessive:

mijn hele gezin	my whole family
haar nieuwe boekenplanken	her new bookshelves
ons kleine land	our small country

in this respect, the possessives resemble *de* and *het* rather than *een* and *geen*.

2. THE INDEPENDENT POSSESSIVES. The Dutch equivalent of 'mine', 'yours', 'ours', etc., can be expressed in one of two ways, one formal and one informal. First, the definite article appropriate to the noun is placed before one of the above possessives, to which *-e* is added:

hier is uw krant, de mijne hebt u al.	here is your paper. Mine you have already.
Is zijn huis groot? Het mijne is klein.	Is his house large? Mine is small.

Similar are *de* or *het jouwe, zijne, hare, uwe, onze, hunne*. There is no such form for *jullie*, which instead uses the alternative construction immediately following.

3. The other frequently used construction, characteristic especially of the spoken language, is the use of the object pronoun preceded by *van* and the appropriate demonstrative:

Hier is uw krant. Die van mij hebt u al.	Here is your paper. Mine you already have.
Is zijn huis groot? Dat van mij is klein.	Is his house large? Mine is small.

This construction is mandatory in the case of *jullie:*

Ons huis is klein, maar dat van jullie is groot.	Our house is small, but yours is large.

And it is usual after a form of the verb *zijn* 'to be':

Dit boek is van mij	This book is mine
Is die auto van jou?	Is that car yours?

4. The construction with *van* is the regular way of expressing the possessive in Dutch, corresponding to the English use of *of:*

de ramen van het huis	the windows of the house

But unlike the English usage, Dutch uses this also with reference to persons:

de auto van mijn broer	my brother's car
de keuken van mijn zuster	my sister's kitchen

Also possible with persons is the construction with possessive pronoun:

mijn broer z'n auto	my brother's car
mijn zuster d'r keuken	my sister's kitchen

This is a colloquial usage that is only beginning to find acceptance in the written language.

The preposition *van* is used before *wie* 'who' to express an interrogative possessive; similarly, *aan* is used before *wie* to express 'to whom':

van wie is dit boek?	whose book is this?
aan wie geeft hij het geld?	to whom does he give the money?
	(who does he give the money to?)

Vocabulary

Amerika, the U.S.	*pre'cies*, exactly
autoweg, highway	*rijden*, ride, drive
bedoelen, to mean	*spoorweg*, railroad
bezet, occupied	*het station* [-'shon], station
cou'pé, compartment	*streek*, region
eigen, own	*volgen*, to follow, take (a road)
gebruiken, to use	*vragen*, to ask
hard, fast	*vrijwel*, almost
hoe'veel, how much	*vrouw*, wife
iemand, somebody	*week*, week
te koop, for sale	*het werk*, work
leuk, nice	*wie*, who
mond, mouth	*zwart*, black
om, around	

Idiomatic expressions

Wat is hij voor een man?	What kind of man is he?
Wat leuk! Wat jammer!	How nice! What a shame!
Welke kant uit?	Which way?
Deze kant (uit), die kant (uit)	This way, that way
Hij gaat met de fiets	He goes by bicycle
Hij komt met de trein	He comes by train
Ik ga naar huis	I am going home
Ik heb gelijk, hij heeft gelijk	I am right, he is right
in ieder geval	at any rate

Exercises

Supply the appropriate possessives:

(jij) ...... boek is hier. (ik) ...... huis. (zij, pl.) zij rijden in ......
auto. (jullie) ...... kopjes. (wij) ...... kinderen. (zij) ...... kinderen.
(wij) ...... kind. (jij) ...... boterham. (ik) ...... radio. (u) Heeft u
...... jas? (hij) Heeft hij ...... hoed? (jij) Heb je ...... fiets? (wij)
...... keuken is klein. (zij, pl.) Wij eten ...... brood. (wij) ...... gezin
is niet groot.

Translate into English:

13. 1. Wij gaan vandaag met de trein naar Arnhem. 2. Onze
spoorwegen zijn erg goed. Onze treinen lopen vrijwel altijd op tijd.
3. In ons kleine land rijden de treinen erg hard. 4. Zijn die van
jullie in Amerika ook goed? 5. Ons land is groot, en de treinen zijn
misschien minder goed. 6. Deze coupé is al bezet. Ik zie iemand
z'n koffer. 7. U hebt gelijk, de trein gaat precies op tijd. 8. Nu
gaan wij met de bus naar mijn familie. 9. Welke kant nu? De
bushalte is vlak vóór het station. 10. Ons hele gezin komt uit deze
streek. 11. Zij rijdt iedere week naar haar familie in Friesland.
12. Hij rijdt iedere dag naar zijn werk. 13. Mijn broer z'n auto is
niet zwart maar rood. 14. Mijn vrouw volgt altijd de grote autoweg
naar Den Haag. 15. Welke auto is de zijne? 16. Mijn warme jas
hangt nog in de kast. 17. Hij loopt altijd met een pijp in zijn
mond. 18. Hun nieuwe huis is te koop. 19. Wat is het voor een
huis? Ik bedoel, is het groter dan het onze? 20. Aan wie verkopen
ze hun huis?

Translate into Dutch:

14. 1. I do not walk much. I go by bicycle. 2. He is coming by
bicycle. 3. Is she coming by train? No, she is coming in her car.
4. Which bicycle do you mean? 5. Where is it now? Behind the
house. Why do you ask that? 6. What are you looking for? I am
looking for my coat. 7. Doesn't he have his own car? Yes, but he
doesn't use it. 8. He and his friend drive every day from Leeuwarden to Stavoren. 9. Is this house for sale? 10. What do you mean?
I mean, I am looking for a house. 11. Which way? Go this way.
12. Whose is this house? I don't know (it). Ours is around the
corner. 13. He is right. Yes, you are right. No, you are wrong (you
are making a mistake). 14. What kind of fellow is his brother?
15. Which restaurant do you mean? 16. We are selling our old car.

17. John, where is your coat? Mr. Teeuw, is this your coat? 18. Which coat is yours? This one is mine. 19. Are you going home? Yes, my wife is waiting for me. 20. Is your wife waiting for you? What a shame.

11 Review and Reading

Summary table of all personal pronouns. Unstressed forms are in parentheses:

SUBJECT		OBJECT		REFLEXIVE	POSSESSIVE	
ik	(*'k*)	mij	(*me*)	me, mij	mijn	(*m'n*)
jij	(*je*)	jou	(*je*)	je	jouw	(*je*)
hij	(*ie, die*)	hem	(*'m*)		zijn	(*z'n*)
zij	(*ze*)	haar	(*d'r*)	zich	haar	(*d'r*)
het	(*'t*)	het	(*'t*)		zijn	(*z'n*)
u		u		u/zich	uw	
wij	(*we*)	ons		ons	ons/onze	
jullie	(*je*)	jullie	(*je*)	je	jullie	(*je*)
zij	(*ze*)	hun/hen	(*ze*)	zich	hun	

Vocabulary

aan'trekkelijk, attractive
aca'demie, academy
arm, arm
behoren (*tot*), to belong (to)
beroemd, famous
beslist, certainly
bestaan uit, to consist of
bewaren, to keep
de bos (*bloemen*), bouquet
b.v. = *bij voorbeeld*
het duin, dune
duizend, thousand
het eiland, island
e'lektrisch, electrical
fa'briek, factory
het fruit, fruit

het gebied, territory
geboorteplaats, birthplace
het geval, instance
groente, vegetables
groep, group
hoge'school, [university-level] school
het hoofdgebouw, main building
houden, to keep
inwoner, inhabitant
kaas, cheese
het ka'naal, canal
kant, side
het ka'rakter, character
het kledingstuk, article of clothing
koe, (plural *koeien*), cow

kraam, booth, stand	*rij*, row
laag, low	*Rijn*, Rhine
het land, country	*sloot*, ditch
landbouw, agriculture	*snel*, fast
landelijk, rural	*sommige*, some
lopen, to run	*stromen*, to flow
markt, market	*tegenwoordig*, nowadays, today
men, one	*ten*, to the
middeleeuwen, Middle Ages	*toren*, tower
noemen, to call	*universi'teit*, university
het noorden, north;	*vlak*, flat
noordelijk, northern	*vlak bij = dichtbij*
het oosten, east; *oostelijk*, eastern	*vormen*, to form
overal, everywhere	*want*, because
polder, polder (reclaimed land)	*het weiland*, pasture land
pompen, to pump	*het westen*, west; *westelijk*, western
Randstad, the coastal urban	*zaterdag*, Saturday
complex	*zee*, sea
re'gering, government	*zeer*, very (literary form)
resi'dentie [-densee],* residence	*het zuiden*, south; *zuidelijk*,
(of royal family or govern-	southern
ment)	

Idiomatic expressions

de provincie Noord-Holland	the province of North Holland
ik weet het wel	I **do** know it
er zijn niet veel fietsen, maar	there are not many bicycles, but
wel veel auto's	there **are** a lot of cars
steeds meer, steeds beter	more and more, better and better
op de markt	at the market

Samen met de provincies Noord-Holland en Zeeland vormt de provincie Zuid-Holland het westelijke gebied van Nederland, het belangrijkste deel van het land. Langs de zee liggen de duinen en achter deze duinen het vlakke land. De provincie bestaat groten-deels uit polderland en bijna alle wegen lopen over oude dijken. Het zuidelijke deel van de provincie en bijna de hele provincie Zeeland bestaan uit eilanden. Men ziet in Zuid-Holland niet zo

* The ending *-tie* is pronounced as if *-sie* or *-tsie*. After vowels it is usually *-tsie*, and after consonants usually *-sie*.

veel bomen als in andere provincies, b.v. Gelderland of Overijsel, maar wel veel weilanden. Er zijn overal groene weilanden met zwart-witte koeien, en natuurlijk water. Overal ziet men kleine sloten, kanalen en grote waterwegen. In sommige gevallen houden de molens dit lage land droog: zij pompen het water uit de sloten naar de hogere kanalen en uit de kanalen naar de rivieren of de zee. Maar nu doet men dat vrijwel altijd elektrisch.

Een van de mooiste steden van de provincie is Leiden, de geboorteplaats van Rembrandt. Deze stad heeft nu ongeveer 100 000 inwoners. Twee armen van de Rijn, de Oude en de Nieuwe Rijn, stromen door de stad. Elke zaterdag is het in Leiden marktdag. Op de markt staan lange rijen kramen waar men niet alleen groente, fruit, vis en kaas verkoopt, maar ook kledingstukken, bloemen en zelfs oude boeken. Sommige boeken kosten maar een paar kwartjes, en in de zomer zijn er vaak grote bossen bloemen te koop voor een gulden.

Maar het aantrekkelijkste deel van de stad is beslist het Rapenburg, een brede gracht met aan beide kanten kleine bomen. Hier staan vele van de mooiste, grote oude huizen van de stad. Aan het Rapenburg ligt de beroemde universiteit, de oudste van Nederland.

Het hoofdgebouw van de universiteit, met grote, hoge ramen en een toren, is het academiegebouw, vroeger een kerk. De meeste gebouwen van de universiteit liggen dichtbij het academiegebouw, maar zij vormen geen 'campus', want er zijn nog andere gebouwen in alle delen van de stad. Leiden heeft twee mooie, grote kerken uit de late middeleeuwen, de Pieterskerk, niet ver van de universiteit, en de Hooglandse kerk, vlak bij het stadhuis. Dat zijn de beroemdste, maar de vele andere, kleinere kerken zijn ook interessant.

Andere belangrijke steden in de provincie zijn 's-Gravenhage* of Den Haag, de hoofdstad van de provincie en de Residentie van de regering van het land (maar niet de hoofdstad van het land), en Rotterdam,** een grote haven waar elk jaar vele duizenden schepen komen. Bij de havenstad Rotterdam ligt het centrum van de Nederlandse zware industrie. Een andere fabrieksstad is Dordrecht, ten zuiden van Rotterdam. Delft, een kleinere stad met vele oude huizen en grachten, heeft ook industrie en een beroemde hogeschool. Gouda, ten zuidoosten van Leiden, is, zoals u misschien weet, een kaascentrum.

Het westelijke deel van Nederland noemt men tegenwoordig vaak de Randstad of de Randstad Holland. Het noorden, het oosten en het zuiden van Nederland bewaren tot vandaag een landelijk karakter. De industrialisatie van Nederland gaat daar minder snel dan in het westen. In de noordelijke, de oostelijke en de zuidelijke provincies is de landbouw nog altijd zeer belangrijk.

---

* *'s-Gravenhage*, the official name of The Hague, is an old genitive form meaning literally 'the Count's Park', the name of a hunting estate established there by Count Willem II in the thirteenth century. The spoken language and unofficial written language use the name *Den Haag*.

** All place names ending in *-dam* are normally stressed on the last syllable, e.g. *Rotter'dam, Amster'dam, Zaan'dam, E'dam*. The stress moves to the first syllable only for contrast: *Hij woont niet in 'Zaandam, maar in 'Amsterdam*.

12 Numbers and dates. Currency and units of measurement

1. THE NUMBERS in Dutch are as follows:

0	*nul*	11	*elf*
1	*een*	12	*twaalf*
2	*twee*	13	*dertien*
3	*drie*	14	*veertien*
4	*vier*	15	*vijftien*
5	*vijf*	16	*zestien*
6	*zes*	17	*zeventien*
7	*zeven*	18	*achttien*
8	*acht*	19	*negentien*
9	*negen*	20	*twintig*
10	*tien*		

From twenty on, the smaller number is placed before the ten:

21	*eenentwintig*
22	*tweeëntwintig*
23	*drieëntwintig*
	(etc.)

The rest of the numbers are:

30	*dertig*	90	*negentig*
40	**veer***tig*	100	*honderd*
50	*vijftig*	200	*tweehonderd*
60	*zestig*	1000	*duizend*
70	*zeventig*	2000	*tweeduizend*
80	**t***achtig*		*miljoen* 'million'

Observe that *veertien* and *veertig* do not correspond exactly to *vier*, and that *tachtig* adds a *t-* at the beginning. The numbers *zeven, zeventien* and *zeventig* are very frequently pronounced (but not normally written) *zeuven, zeuventien, zeuventig* on the phone or in listing numbers, to avoid confusion with *negen*.

The words *honderd* and *duizend* are neither preceded by *een* nor followed by *en:*

honderd eenentwintig	a hundred (and) twenty-one
duizend drie	a thousand (and) three

2. THE ORDINAL NUMBERS are indicated by one of the two endings *-de* and *-ste:*

1	*eerste*	7	*zevende*	20	*twintigste*
2	*tweede*	8	*achtste*	21	*eenentwintigste*
3	*derde*	9	*negende*	22	*tweeëntwintigste*
4	*vierde*	10	*tiende*	30	*dertigste*
5	*vijfde*	11	*elfde*	100	*honderdste*
6	*zesde*		(etc.)		(etc.)

Ordinal numbers below 20 end in *-de* with the exception of *eerste* and *achtste*, and those from 20 on end in *-ste*. In a compound number, e.g. *eenentwintigste*, only the last receives an ending.

The ordinals are commonly abbreviated by means of a small superscribed *e:*

1ᵉ	*eerste*	1*st*
2ᵉ	*tweede*	2*nd*
29ᵉ	*negenentwintigste*	29*th*
	(etc.)	

Note that *tweede* is spelled with two *e*'s in seeming violation of the open-syllable spelling rule, because it is a derivative of *twee*.

3. IN DATES, Dutch ordinarily uses a cardinal number:

één januari	the first of January, January first
vrijdag, tweeëntwintig september	Friday, September twenty-second
op vier juli	on the fourth of July

Although occasionally ordinals are used as well:

het is vandaag de eerste januari	today is the first of January
de vijftiende mei valt dit	the fifteenth of May falls
jaar op een dinsdag	on a Tuesday this year

The normal way of writing dates is to use the numeral, which then PRECEDES the name of the month. Note carefully that this order is kept when the date is written entirely in numbers:

22 september 1957 (22-9-57)   September 22, 1957 (9-22-57)
4 juli 1974 (4-7-74)   July 4, 1974 (7-4-74)

The year is commonly expressed in hundreds:

1492   *veertien (honderd) tweeënnegentig*
1974   *negentien (honderd) vierenzeventig*

4. THE UNIT OF CURRENCY in the Netherlands is the *gulden*, divided into a hundred parts called *centen*. The *gulden* is abbreviated *f,* from an obsolete word *florijn*. In writing an amount, the guilders are usually separated from the cents by a comma:

f 14,75   *veertien (gulden) vijfenzeventig*
f 6,50   *zes (gulden) vijftig, zes en een halve gulden*

The principal units of currency, the measures of length (*meter, kilometer*, etc.), of liquid volume (*liter*) and of weight (*kilo* and *gram, pond* and *ons*) are used in the plural only when the individual units are emphasized and when they are not preceded by a definite number. When preceded by a number, the singular form is used:

de centen zijn van koper.	the cents are made of copper.
wij berekenen afstanden in meters en kilometers,	we reckon distances in meters and kilometers,
en gewichten in kilo's en grammen of in ponden en onzen.	and weights in kilos and grams or in pounds and ounces.
wij meten water in liters.	we measure water in liters.

But:

dat kost vier gulden, vijfendertig cent.	that costs four guilders and thirty-five cents.
Leiden is twaalf kilometer van Den Haag.	Leiden is twelve kilometers from The Hague.
drie kilo sinaasappelen, en honderd gram suiker.	three kilos of oranges, and a hundred grams of sugar.
vier pond appels (appelen), twee ons vlees.	four pounds of apples, two ounces of meat.
drie liter melk	three liters of milk.

Notice that in the case of the weights and measures the noun follows immediately after the unit of measurement, without any joining preposition as in English.

Telling time in Dutch will be presented in Chapter 26.

Vocabulary

aardappel, potato
afstand, distance
al'leen maar, only
Ameri'kaans, American
anderhalf, one and a half
anders, different
het bankbiljet, banknote
het bedrag (pl. *bedragen*), amount
berekenen, to figure
blauw, blue
het briefje, bill
dus, so
eigenlijk, actually
het gehakt, ground meat
het gewicht, weight
het gram, gram
half, half
heel, very
hele'maal niet, not at all
iets, somewhat
inge'wikkeld, complicated
'kilometer, kilometer

het kleingeld, change
kleur, color
laatst, last
maand, month
munt, coin
Nederlands, Dutch
het ons, ounce (100 grams)
ont'vangen, to receive
het pa'pier, paper
per, per, by the
het pond, pound
rekenen, to figure
room, cream
slager, butcher
toch, nevertheless
tot, to, until
tweemaal, twice
het vlees, meat
vrij, rather
wat, some
zeggen, to say

zondag
maandag
dinsdag
woensdag
donderdag
vrijdag
zaterdag

janu'ari
febru'ari
maart
a'pril
mei
juni

juli
au'gustus
sep'tember
ok'tober
no'vember
de'cember

Idiomatic expressions

zij zijn met z'n tweeën
wij zijn met z'n (ons) drieën

there are two of them
there are three of us

een stuk of vijf appels	about five apples
een jaar of tien	around ten years
over een maand of drie	in two or three months
vrijdag over een week	a week from Friday
van de week	this week
ik ben nu voor de eerste keer in Amersfoort	this is the first time I've been in Amersfoort
ik kom morgen bij jullie langs	I'll drop by your place tomorrow
de hoeveelste hebben wij vandaag?	what is the date today?
De vierde.	The fourth.
hebt u terug van een tientje?	do you have change for a ten?

Exercises

Express the following in Dutch:

14	99	78	34	77	868
28	48	30	88	81	1,236
64	58	47	29	101	1958
2nd	21st	17th	8th	101st	120th
4th	12th	32nd	3rd	71st	333rd
ƒ 2,47	ƒ 1,50	ƒ 84,66	ƒ 4,50	ƒ 1,25	ƒ 400

Translate into English:

15. 1. Hoe lang blijf je in Nederland? Een jaar? 2. Nee, niet een heel jaar, niet meer dan een maand of tien. 3. Ben je voor de eerste keer in Nederland? Nee, dit is al de tweede keer. 4. Zeventien augustus, negentien honderd zevenenzeventig. 5. Wij berekenen de afstanden in kilometers. Leiden is b.v. drieënvijftig kilometer van Gouda. 6. Wij gaan met z'n tweeën. 7. Zijn jullie met z'n vieren? 8. Zij heeft een stuk of tien broodjes. 9. Ik kom van de week nog bij jullie langs. 10. De bakker komt tweemaal in de week. Ik kom maandag over een week. 11. Wij berekenen de gewichten in kilo's. Een kilo is duizend gram. 12. Maar wij berekenen de gewichten ook in ponden. Een Nederlands pond is niet hetzelfde als een Amerikaans pond. 13. Een Amerikaans pond is zestien ons, maar een Hollands pond is vijf ons. 14. Een Amerikaans pond is vierhonderd vijftig gram, en een Hollands pond is vijfhonderd gram. 15. Twee pond is een kilo, dus een pond is vijfhonderd gram, en een ons is honderd gram. 16. Hoe ver is het nog tot Amsterdam? Een kilometer of tien. 17. Zij koopt anderhalf kilo aardappelen.

Translate into Dutch:

16. 1. A week has seven days, and a year has twelve months. 2. Sunday is the first day of the week. 3. January is the first month, and December is the twelfth and last month. 4. February has only twenty-eight days. 5. I am going to Holland in September. I will stay about nine months. 6. He is coming Friday and will stay until Tuesday with (*bij*) us. 7. The fifth of June, nineteen hundred seventy-five. 8. How old is she? Nine or ten years old. 9. We buy meat by the ounce. You go in a store and say, 'Four ounces of ground meat, please', 10. The butcher says 'Yes, ma'am; one twenty per ounce, that is four guilders and eighty cents'. 11. You give him five guilders, and he gives you the meat and twenty cents. 12. Give me two liters of milk. 13. That meat is too expensive. I have only a guilder and about twenty cents.

17. – Ik vind het Nederlandse geld nog een beetje vreemd. Het rekenen is niet moeilijk, maar jullie zeggen het bedrag anders dan wij.

– *Je bedoelt bedragen als twee kwartjes en zeven stuivers?*

– En andere zoals drie-vijftig of vijf-twintig.

– *Het is eigenlijk niet zo ingewikkeld. Je hebt daar wat bankbiljetten en kleingeld.*

– Ja, hier is een briefje van honderd, een paar van vijfentwintig, een van tien en drie van vijf gulden.

– *Dat is samen precies honderdvijfenzeventig gulden, niet waar? Het briefje van tien noemen wij een 'tientje'.*

– Het briefje van honderd is bruin, die van vijfentwintig zijn rood, het tientje is blauw en die van vijf zijn groen.

– *Ja, wij vinden het gemakkelijk met al die kleuren. Jullie briefjes zijn allemaal van dezelfde kleur, niet waar? En hoeveel kleingeld heb je?*

– Iets minder dan vier gulden. Hebben de munten ook hun eigen namen?

– *Jazeker. Deze van twee en een halve gulden noemen wij 'rijksdaalder', dit zijn natuurlijk guldens, die van vijfentwintig cent zijn 'kwartjes' en die van tien cent 'dubbeltjes', deze hier van vijf cent is een 'stuiver', en de andere zijn 'centen'.*

– Dank je wel! Je hebt gelijk, het is helemaal niet moeilijk.

13 The verb, past and perfect tenses (weak)

1. The verbs in all Germanic languages can be divided into two major classes according to whether the past tense is formed by the addition of a suffix to the stem, e.g.

to talk   talk**ed**   (has) talk**ed.**

or by a vowel change in the stem itself, e.g.

to s**i**ng   s**a**ng   (has) s**u**ng.

By a long-established tradition, these two groups are called respectively WEAK and STRONG. We will take up the weak verbs first.

2. THE PAST TENSE OF WEAK VERBS is formed by adding *-t-* or *-d-* to the stem of the verb, and then the endings *-e* for the singular and *-en* for the plural:

koken 'to cook'	*horen* 'to hear'
ik kookte	*ik hoorde*
jij kookte	*jij hoorde*
hij kookte	*hij hoorde*
wij kookten	*wij hoorden*
jullie kookten	*jullie hoorden*
zij kookten	*zij hoorden*

The choice of *t* or *d* as the sign of the past is automatically determined by the form of the stem. The endings *-te, -ten* are used after voiceless consonants (*p t k f s ch*)*

hopen	'to hope'	*hoopte, hoopten*
kloppen	'to knock'	*klopte, klopten*

* A handy way to remember them is with the word '*t kofschip*, a name for an old type of sailing vessel.

praten	'to talk'	*praatte, praatten**
zetten	'to set'	*zette, zetten*
roken	'to smoke'	*rookte, rookten*
straffen	'to punish'	*strafte, straften*
fietsen	'to cycle'	*fietste, fietsten*
lachen	'to laugh'	*lachte, lachten*

The endings *-de, -den* are used in all other cases:

bestellen	'to order'	*bestelde, bestelden*
bouwen	'to build'	*bouwde, bouwden*
naaien	'to sew'	*naaide, naaiden*
studeren	'to study'	*studeerde, studeerden*
schudden	'to shake'	*schudde, schudden*
leggen**	'to lay'	*legde, legden***

Verbs with *v* or *z* in the INFINITIVE also add the endings *-de, -den*, but these endings are added to the STEM of the verb:

leven	'to live'	stem:	*leef-*	*leefde,*	*leefden*
geloven	'to believe'		*geloof-*	*geloofde,*	*geloofden*
reizen	'to travel'		*reis-*	*reisde,*	*reisden*
glanzen	'to shine'		*glans-*	*glansde,*	*glansden*

The explanation of this is the familiar rule that the letters *v* and *z* may not close a syllable. The pronunciation does not follow this, however, and the past-tense forms at the right are pronounced as if written *leevde, geloovde, reizde, glanzde*.

3. THE PAST PARTICIPLE in Dutch consists of the stem of the verb plus either *d* or *t*, and a prefixed *ge-*. The ending *-t* is used with verbs to which *-te* is added in the past, and *-d* with those taking *-de* in the past; but since *-d* at the end of any word is pronounced as *-t*, the spoken language does not make any distinction. Since doubled letters may never stand at the end of a word in Dutch, no *-t* or *-d* is added to verbs whose stems already end in *-t* or *-d*.

* Notice that since *tt* is a spelling convention and pronounced like single *t*, and *-n* is dropped in ordinary speech, *praten – praatte – praatten* are all pronounced alike.

** Most Dutch speakers in the *Randstad* area pronounce the sound spelled *g* identical with that spelled *ch*, which would make it seem as though a verb like *leggen* ought to have the ending *-te*, as does *lachen*. The *-de* ending, however, reflects the fact that for many Dutch speakers, particularly in the southern provinces and in the whole of Dutch-speaking Belgium, the sounds *g* (voiced) and *ch* (voiceless) are as sharply distinguished from each other as are *v* and *f*, or *z* and *s*.

INFINITIVE	PAST, SING. (PL.)	PAST PARTICIPLE
koken	kookte (n)	gekookt
kloppen	klopte (n)	geklopt
praten	praatte (n)	gepraat
horen	hoorde (n)	gehoord
studeren	studeerde (n)	gestudeerd
schudden	schudde (n)	geschud
leven	leefde (n)	geleefd
reizen	reisde (n)	gereisd

Dutch has six unaccented verbal prefixes, *be-*, *er-*, *ge-*, *her-*, *ont-* and *ver-*. The participle prefix *ge-* is not added to verbs already having one of these six prefixes:

bedanken	'to thank'	bedankte (n)	bedankt
erkennen	'to admit'	erkende (n)	erkend
geloven	'to believe'	geloofde (n)	geloofd
herhalen	'to repeat'	herhaalde (n)	herhaald
ontmoeten	'to meet'	ontmoette (n)	ontmoet
verklaren	'to explain'	verklaarde (n)	verklaard

The prefix *er-* occurs in only two verbs, the above and *ervaren* 'to experience'. *Her-* always adds a meaning of 'again' to the verb.

4. THE PERFECT TENSE consists of the past participle of the verb accompanied by the appropriate form of the auxiliary verb *hebben** (Eng. 'I have talked'). The greatest difference from English, however, is the fact that the auxiliary verb and past participle do not normally stand next to each other. In a declarative sentence the auxiliary verb stands immediately after the subject (or second in the sentence, see remarks on word order in Chapter 7), and the participle always stands at the end of the clause.

hij **heeft** *een huis* **gebouwd.**	he has built a house.
heb *je met haar* **gepraat?**	have you talked with her?
ik **heb** *hem vaak in de stad in de bibliotheek* **ontmoet.**	I have often met him down town in the library.
gisteren **heeft** *ze wat aardappelen* **gekookt.**	yesterday she boiled some potatoes.
bij de kruidenier **hebben** *wij wat kaas* **besteld.**	at the grocer's we ordered some cheese.

* Sometimes *zijn* (see next lesson).

73

Vocabulary

'antwoorden, to answer
beloven, to promise
be'neden, downstairs
betalen, to pay
bios'coop, movies
boven, upstairs
branden, to burn (intransitive)
briefkaart, postcard
eergisteren, day before yesterday
Eu'ropa, Europe
het feest, party
gezellig, pleasant
het gezicht, face
gisteren, yesterday
gister'avond, yesterday evening
gister'middag, yesterday afternoon
gister'morgen, yesterday morning
helemaal, all the way

'luisteren (naar), to listen (to)
mantel, coat
marga'rine, margarine
ont'wikkelen, to develop
ouders, parents
pas, just
pas'seren, to pass
rekening, bill
spelen, to play
sturen, to send
tellen, to count
tijdens, during
van'avond, this evening
van'middag, this afternoon
van'morgen, this morning
verbranden, to burn (transitive)
verkeerd, wrong
het vuur, fire

Idiomatic expressions

hartelijk bedankt!
hij gaat naar boven
ik kom (naar) beneden
hij volgt colleges [kol-'lay-zhes]
   aan de universiteit
ik heb kou gevat

thanks a lot!
he goes upstairs
I come downstairs
he is taking courses at the
   university
I have caught cold

Exercises

Supply the past tense and past participle:

reizen	fietsen	zetten	volgen	bouwen
spelen	roken	tellen	ontwikkelen	leggen
branden	praten	verklaren	ontmoeten	beloven
luisteren	sturen	bedanken	leven	wonen

Translate into English:

18. 1. Ik heb aan de universiteit van Amsterdam gestudeerd. Ik heb daar colleges gevolgd. 2. Wij fietsten eergisteren helemaal van Haarlem naar Enkhuizen. 3. Heb je de kaas en margarine bij de kruidenier besteld? 4. Ja, maar ik heb nog niet betaald. 5. Ik herhaalde het, maar hij antwoordde niet. 6. Ik heb vanmorgen helemaal niet gerookt. 7. Gisteren beloofde vader de kinderen een bezoek aan de bioscoop. 8. Hij stuurde me een briefkaart en verklaarde alles. 9. Ik ontmoette haar dochter tijdens een feest in Middelburg. 10. Welke firma heeft die nieuwe fabriek even buiten de stad gebouwd? 11. Wij bedankten ze voor een gezellige* avond. 12. Hartelijk bedankt voor de gezellige avond! 13. Moeder waste de handen en gezichten van de kinderen en stuurde ze naar boven. 14. De kinderen speelden beneden. 15. Gisteravond luisterde ik thuis naar de radio. 16. Gistermiddag heb ik kou gevat. 17. Het vuur brandde goed. 18. Mijn ouders hebben lang geleefd. Zij hebben altijd in Maastricht gewoond. 19. Wij volgden de grote weg van Utrecht naar Arnhem. 20. In Holland heb ik veel gefietst. 21. Ik weet niet hoeveel geld ik heb. Ik heb het nog niet geteld. 22. Hij heeft de rekening pas betaald.

Translate into Dutch:

19. 1. Have you already sent them the letter? No, I have not sent it yet. 2. We have already paid the bill. 3. The university has just built a new library. 4. Have you never met their youngest son? 5. She has ordered a new coat, but she has not paid for it ** yet. 6. The children were playing outside. Weren't they playing upstairs? 7. Many people passed, but nobody heard me. 8. He has developed the photos himself. 9. She put (= laid) her brother's newspapers on the table. 10. I met Mrs. Traas at the grocer's. 11. She has never cooked better than now. 12. Their youngest son studied in Utrecht. 13. She counted: one, two, three...... 14. I threw the old letters and papers into the fire. 15. She washed the cups and saucers and put (= set) them on the table. 16. Has he thanked you for those cigarettes? No, he hasn't smoked them yet. 17. Thanks a lot for the cigarettes! 18. I have never bicycled so much as here in Holland. 19. Mr. van Wessem has promised his wife a new coat. 20. He has traveled everywhere in Europe. 21. I met him yesterday evening at (*op*) a party. 22. You were listening to the radio at home, weren't you? 23. You have burned the wrong letters!

* *Gezellig* is impossible to render satisfactorily in English. It expresses the friendly, intimate sociability of an animated evening's conversation, a comfortable living room or any place, occasion or atmosphere where such intimacy is present. The range of feelings in this very important word can only be appreciated after residence among the Dutch.
** 'For it' = *hem*.

14 The verb (strong)

1. THE PAST TENSE OF STRONG VERBS is indicated by some difference from the present in the vowel of the stem. First let us note how a typical strong verb is conjugated in the past:

zingen 'to sing'

PRESENT	PAST
ik zing	*ik zong*
jij zingt	*jij zong*
hij zingt	*hij zong*
wij zingen	*wij zongen*
jullie zingen	*jullie zongen*
zij zingen	*zij zongen*

The singular of the past is simply the stem without any ending, the past tense being indicated in this case by the change from *i* to *o*.

2. There are a number of different ways in which the vowel of the stem might change. These can most conveniently be arranged into seven regular groups plus one miscellaneous one, from each of which groups we select one verb as illustration. The past participle has the prefix *ge-* and, like the English strong verb 'given' ends in *-en*.

INFINITIVE			PAST, SING.-PLUR.	PAST PART.
(1)	*blijven*	'to stay'	*bleef, bleven*	*gebleven*
(2) a	*bieden*	'to offer'	*bood, boden*	*geboden*
b	*buigen*	'to bend'	*boog, bogen*	*gebogen*
(3) a	*binden*	'to tie'	*bond, bonden*	*gebonden*
b	*zenden*	'to send'	*zond, zonden*	*gezonden*

(4)		nemen	'to take'	*nam, namen*	*genomen*
(5)	a	geven	'to give'	*gaf, gaven*	*gegeven*
	b	liggen	'to lie'	*lag, lagen*	*gelegen*
(6)	a	laten	'to let'	*liet, lieten*	*gelaten*
	b	helpen	'to help'	*hielp, hielpen*	*geholpen*
(7)		dragen	'to carry'	*droeg, droegen*	*gedragen*

(8) Minor groups, represented by only a few members each:

	a	hangen	'to hang'	*hing, hingen*	*gehangen*
	b	bewegen	'to move'	*bewoog, bewogen*	*bewogen*
	c	zweren	'to swear'	*zwoer, zwoeren*	*gezworen*

Observe that the past tense of classes 4 and 5 has a **short** vowel in the singular but a **long** vowel in the plural.

A few other strong verbs present slight irregularities:

verliezen	'to lose'	*verloor, verloren*	*verloren*
komen	'to come'	*kwam, kwamen*	*gekomen*
houden	'to hold'	*hield, hielden*	*gehouden*
eten	'to eat'	*at, aten*	*gegeten*
worden	'to become'	*werd, werden*	*geworden*

3. Although the total number of strong verbs in the Dutch language is smaller than the number of weak verbs, many of the most common verbs are strong. Since there is no foolproof way of predicting the past tense of a given strong verb,* the 'principal parts' (infinitive – past – past participle) must be learned with each verb. These principal parts can easily be learned as a sort of rhythmical chant. In all the vocabularies in the rest of the grammar, the past tense and past participle forms are supplied for each strong verb. Principal parts of weak verbs, since they are regularly predictable, are given only in the case of irregular verbs.

---

* Certain rules could be formulated, but they would be too cumbersome to be of practical use. For example, *ij* in infinitive will be *ee* in past and participle, *ie* or *ui* in infinitive will be *oo* in past and participle, *i* or *e* in infinitive followed by nasal plus consonant will be *o* in past and participle; but these only hold true, of course, provided the verb is strong. Note that the infinitive gives no hint as to whether a verb is weak or strong:

WEAK:	hopen	'to hope'	*hoopte, hoopten*	*gehoopt*
STRONG:	lopen	'to walk'	*liep, liepen*	*gelopen*
WEAK:	huilen	'to cry'	*huilde, huilden*	*gehuild*
STRONG:	sluiten	'to close'	*sloot, sloten*	*gesloten*

4. Many verbs are conjugated in the perfect tense with the verb *zijn* rather than with *hebben*. Such verbs are those which indicate a change of place or state, provided they are intransitive (i.e., can take no object):

hij is op de grond gevallen	he fell on the floor (he has fallen......)
zij is in Rotterdam gestorven	she died in Rotterdam

Verbs indicating a specific means of locomotion use *zijn* if the destination is specified, *hebben* if it is not:

wij zijn naar de stad gelopen	we (have) walked down town
wij hebben de hele dag gelopen	we walked all day
ik ben naar de stad gereden	I drove down town
ik heb nooit in zijn auto gereden	I have never ridden in his car

For some reason difficult to explain, nearly all verbs which take *zijn* in the perfect tense are strong. The verbs *blijven* and *zijn*, though they show no change of place or state, also take *zijn*:

hij is thuis gebleven	he (has) stayed home
wij zijn nooit in Friesland geweest	we have never been in Friesland

5. No prefix *ge-* is added in the past participle to verbs already having an unstressed prefix:

beginnen	'to begin'	*begon, begonnen*	*is begonnen*
onthouden	'to remember'	*onthield, onthielden*	*onthouden*
verliezen	'to lose'	*verloor, verloren*	*verloren*

Vocabulary

af en toe, now and then
belangstelling, interest
bevroren, frozen
bewolkt, cloudy
choco'lade [sho-ko-'lah-de] or [sho-ko-'lah], chocolate
drinken (*dronk, gedronken*), to drink
eten (*at – aten, gegeten*), to eat
flink, (here) hard, quite a bit
gedurende, during

grond, ground
hemel, sky
ieder'een, everyone
het ijs, ice
kijken (*keek, gekeken*), to look
kou, cold (noun)
lezen (*las – lazen, gelezen*), to read
ooit, ever
plek, spot
schaats, skate

78

schaatsenrijder, skater	*verdwijnen* (*verdween, is verdwenen*),
schijnen (*scheen, geschenen*),	to disappear
to shine	*vergeten* (*vergat – vergaten, vergeten*),
sluiten (*sloot, gesloten*), to close	to forget
een stuk, quite a bit	*vinden* (*vond, gevonden*), to find
terug, back	*vlug*, quickly
toen, then	*voor'bij*, past
uit'stekend, excellent	*woonkamer*, living room
vannacht, tonight, last night	*zitten* (*zat – zaten, gezeten*), to sit
	zon, sun

Idiomatic expressions

Waar gaat u naar toe? ⎫	Where are you going?
Waar gaat u heen? ⎭	
Waar komt u vandaan?	Where do you come from?
Hij gaat naar buiten	He goes outside
Zij stuurt de kinderen naar binnen	She sends the children inside
In Holland rijdt iedereen schaatsen	In Holland everybody skates
Hij heeft nooit schaatsen gereden	He has never skated
Wanneer bent u geboren?	When were you born?

Exercises

Using the table given in the beginning of this lesson, see if you can supply the past and past participle for the following infinitives:

schrijven	gieten	zinken	krijgen
kiezen	kruipen	ontvangen	spreken

Supply the appropriate form of *hebben* or *zijn*, following the rule given:

Wij ...... naar Hilversum   Wij ...... in de auto gereden.
  gelopen
...... jij gevallen?   Ik ...... niet gebleven.
Hij ...... oud geworden.   Zij (sing.) ...... geschreven
U ...... veel ontvangen.   Ik ...... veel gelopen.

Translate into English:

20. 1. Gisteren zaten we met z'n tweeën in de woonkamer. 2. Wij bleven thuis, want het was koud weer. 3. De sneeuw van gisteren lag nog op de grond. 4. Ik las een boek en af en toe keek ik naar de mensen op straat. 5. Iedereen droeg zijn warmste kleren en liep vlug voorbij. 6. De hemel was bewolkt en de zon scheen bijna niet. 7. Buiten zagen wij bijna geen kinderen. 8. Het is al een stuk kouder geworden. 9. Ja, het heeft vannacht flink gevroren. 10. Enkele jongens liepen voorbij met schaatsen. 11. Elk van hen hield schaatsen in de hand. 12. Zij verdwenen om de hoek. 13. Heb jij ooit schaatsen gereden? 14. Ja, maar ik heb mijn schaatsen vergeten. 15. Ik heb ze thuis gelaten. 16. Wij dronken ons kopje koffie en liepen naar het bevroren kanaal. 17. Veel jongens en meisjes waren (were) al op het ijs, andere bonden hun schaatsen aan. 18. Steeds meer kinderen en ook oudere mensen kwamen naar het kanaal toe. 19. De meeste mensen kwamen uit de stad. 20. Wij vergaten de kou en keken met belangstelling naar de schaatsenrijders. 21. Zij hebben een uitstekende plek gevonden. 22. Wij bleven een half uur en liepen toen terug.

Translate into Dutch:

21. 1. We sat in front of the window and looked out. 2. We drank coffee and talked about friends. 3. The water has already frozen, because the winter has come and it has gotten quite a bit colder. 4. The ice on the canal has already gotten thick. 5. He walked out and disappeared around the corner. 6. We gave him a cup of chocolate. 7. Then they gave me another piece of cake. 8. He came in but he did not close the door. 9. Where do you come from? 10. He walked past but did not come in. 11. The skates were lying on the floor. 12. I have not found my skates yet. 13. Have you ever worn that coat? 14. He has never helped me enough. 15. I read a book now and then, but that book I have never read. 16. He ate more and more. Actually, he ate too much. 17. They hung their coats in front of the fire. 18. They haven't eaten anything at all. 19. After a few hours they came back. 20. I have never skated. But in Holland everybody skates! 21. I was born in nineteen thirty-seven. Were you born in Holland?

15 *Some irregular verbs. The past perfect tense. Use of tenses*

1. Following are a few verbs both strong and weak which do not fit into any of the classes given.

(a) Strong verbs:

doen	'to do'	deed, deden	gedaan
slaan	'to hit'	sloeg, sloegen	geslagen
staan	'to stand'	stond, stonden	gestaan
zien	'to see'	zag, zagen	gezien
weten	'to know'	wist, wisten	geweten
gaan	'to go'	ging, gingen	is gegaan

(b) Showing a change of vowel but having weak past participle:

brengen	'to bring'	bracht, brachten	gebracht
denken	'to think'	dacht, dachten	gedacht
kopen	'to buy'	kocht, kochten	gekocht
vragen	'to ask'	vroeg, vroegen	gevraagd
zoeken	'to look for'	zocht, zochten	gezocht
zeggen	'to say'	zei, zeiden	gezegd

(c) Mixed, with weak past but strong past participle:

bakken	'to fry'	bakte, bakten	gebakken
lachen	'to laugh'	lachte, lachten	gelachen
heten	'to be called'	heette, heetten	geheten
scheiden	'to separate'	scheidde, scheidden	gescheiden
wassen	'to wash'	waste, wasten	gewassen

(d) The two most common verbs also form their past tense and past participle irregularly:

hebben	'to have'	*had, hadden*	*gehad*
zijn	'to be'	*was, waren*	*is geweest*

The past of *zijn* not only has a short-vowel singular and long-vowel plural like *zien* and many other verbs, but shows the same change of *s* to *r* as does English 'was-were'.

2. THE PAST PERFECT TENSE (English 'I had walked, I had gone') is formed by using the past tense of the auxiliaries *hebben* or *zijn*:

ik had een brief geschreven	I had written a letter
had ze dat al gehoord?	had she already heard that?
zij waren nog niet gekomen	they had not come yet
hij was naar Wassenaar gegaan	he had gone to Wassenaar.

3. THE USE OF THE PAST AND PERFECT TENSES. Although the Dutch *ik schreef* has been rendered her by 'I wrote' and *ik heb geschreven* by 'I have written', the Dutch usage of the past and perfect tenses does not correspond as closely to the English usage as we imply by this. Dutch tends to use the simple past tense for narrating a series of events in the past:

Hij ging naar de stad, kocht een jas, zag zijn vriend en praatte met hem, en kwam toen terug.	He went down town, bought a coat, saw his friend and talked with him, and then came back.

But for the expression of isolated events in the past, Dutch generally uses the perfect tense, whereas English tends to use the perfect tense only for a more indefinite past time without specific connection to the present:

Ik heb hem gisteren gezien	I saw him yesterday
Wij hebben ons kopje koffie in de woonkamer gedronken	We drank our cup of coffee in the living room
Hij is om de hoek verdwenen	He disappeared around the corner
Ik heb hem nooit gezien	I have never seen him
Ik heb haar daar vaak ontmoet	I have often met her there.

Notice that the English versions of the first three examples of this last group would not sound right in the perfect tense. We can summarize by saying that Dutch uses the perfect tense more, and the simple past correspondingly less, than does English.

4. When a verb describes an action that began in the past and continues at the present time, and when the length of time is specified, the Dutch usage requires the PRESENT TENSE, usually accompanied by *al* or *nu*, whereas English uses a perfect tense:

Wij zijn al twee maanden in Nederland	We have been in the Netherlands for two months
Ik wacht al een uur op je!	I have been waiting an hour for you!
Hij is al jaren weg	He has been gone for years

Vocabulary

aardig, nice	*mogelijk*, possible
het a'dres, address	*niet eens*, not even
ben'zine, gas	*niets anders*, nothing else
bromfiets, motorbike	*het overhemd*, shirt
doodgewoon, ordinary	*plotseling*, suddenly
eindelijk, finally	*sjaal*, scarf
enz. = enzovoort, etc.	*sneeuwen*, to snow
film, film	*snoepjes*, sweets, candy
geleden, ago	*tele'visie*, television; *t.v.* [tay-vay],
haak, hook	TV
'hospita ['hos-pee-tah], landlady	*verleden*, last
kans, chance	*waar'schijnlijk*, probably
keer, time	*weer*, again
la, drawer	*zakdoek*, handkerchief
maaltijd, meal	

Idiomatic expressions

Wat was dat woord ook weer?	What was that word again?
Hoe heet hij ook al weer?	What is his name now?
Zij hebben het over hun werk	They are talking about their work
Hebben ze het over foto's gehad?	Were they talking about pictures?
Zij heeft last van de kou	The cold bothers her
Hoe is het mogelijk!	Well, I'll be!

Many verbs are normally associated with a particular preposition, and very often this preposition does not correspond in its usage to English:

Hij vraagt om nog een beetje water	He asks for a little more water
De kinderen lachen om niets	The children are laughing about nothing
Ik denk niet vaak aan haar	I do not think of her often
De duinen bestaan hoofdzakelijk uit zand	The dunes consist mainly of sand
Ik houd niet van sinaasappels	I do not like oranges
Zij lijkt op haar moeder	She looks like her mother
Wachten jullie op ons?	Are you waiting for us?
Dat zei hij niet tegen mij	He didn't say that to me
Zij kijken naar de t.v.	They are watching TV

Exercises

Give the third person singular of the past perfect for the following verbs (e.g., *zeggen: hij had gezegd*). Remember that some will take a form of *zijn*.

hebben	drinken	horen	zien
verkopen	gaan	verstaan	lachen
schrijven	zijn	komen	spreken

Translate into English:

22. 1. Bent u ooit in Breda geweest? 2. Hij vroeg om het adres, maar ik wist het niet. 3. De kinderen vonden het geld op straat. 4. 'Wat hebben jullie met dat geld gedaan?' vroeg ik. 'Wij hebben wat snoepjes gekocht', zeiden ze. 5. Ik zei, 'Ik heb overal gezocht, maar ik heb mijn sjaal nog niet gevonden'. 6. Hij lachte en zei, 'Heeft hij niet altijd op de haak in de kast gehangen? 7. Gisteren heb ik een hele fles melk gedronken. 8. 'Ik heb het niet gedaan', zei hij,* 'want ik heb geen tijd gehad'. 9. Er waren veel mensen op straat. Zij kwamen uit de kantoren en winkels en gingen naar huis. 10. Zij stonden bij de halte en wachtten op de tram. 11. Zij staan nu al een half uur in de kou. 12. Heb je altijd last gehad van de kou? 13. De bus is vandaag laat, want het heeft gesneeuwd. 14. Zij dacht vaak aan hem en schreef hem veel brieven. 15. Hij heeft de kans gehad, maar hij heeft het nooit gedaan. 16. Wij gingen naar

---

* *Zei hij* is normally pronounced *zeidie*, though not usually so written.

een niet te al duur restaurant en aten een lekkere maaltijd. 17. De maaltijd bestond uit vlees, aardappelen en groente. Het was een doodgewone Nederlandse maaltijd. 18. Verleden week heb ik eindelijk mijn oude bromfiets verkocht. 19. Een maand geleden heb ik een stuk of tien zakdoeken gekocht. Heb jij ze gezien? 20. Ik keek de hele avond naar de t.v. 21. Hij is met een vriend van hem gegaan; hoe heette die ook al weer? 22. Ons stadhuis lijkt op een kerk. Hoe is het mogelijk! 23. Ik heb haar wat fruit en snoepjes gebracht.

Translate into Dutch:

23. 1. How long have you been looking for (*naar*) your handkerchiefs? 2. I have been looking for an hour. 3. They are probably in the closet, because I washed them yesterday. 4. Are you looking for Gerrit? He has gone to the barber. 5. He laughed and said, 'No, I wasn't looking for him'. 6. She bought some* new ties and socks for me. 7. He laughed at my new tie. 8. We went to the movies and saw an excellent film. 9. We have sold our car, because the gas was too expensive. 10. He did not even know the name of his landlady. 11. I saw some money in the drawer. Did you put (lay) it there? 12. Why did you ask for more money? 13. I did not know how little you had. 14. My father died suddenly. It was (stood) in yesterday's paper. 15. She asked me for pen and paper, and I gave them to her. 16. What was the name of your landlady? 17. She lost her scarf, looked for it and did not find it, asked everyone, and finally found it in the drawer of the kitchen table. All that time she thought of nothing else. 18. Now she has lost it again, and this time she has bought a new one. 19. I have washed your shirt and hung it in the closet. 20. The meal consists of meat, potatoes and vegetable.

---

* English 'some' has a puzzling number of Dutch equivalents we might take a moment to consider. The ordinary colloquial language uses *een paar* or *wat* (especially for indivisibles: see Ch. 13:4). *Enkele* is somewhat stiffish, and *enige* is yet another step upward into the realm of literary style. *Sommige* (illustrated in the review reading in Chapter 11) is easily distinguished: it always implies an even larger number of instances not covered by the statement, and is therefore equivalent to the emphasized 'some' of 'In SOME cases...'

16 Modal auxiliaries. Verb plus infinitive

1. These are verbs which 'help' or 'supplement' another verb. Dutch has four modal auxiliaries* which form a separate category not only by virtue of their use but also because of their formation.

	kunnen	mogen	moeten	willen
PRES.:	ik kan 'I can'	mag 'I may'	moet 'I must'	wil 'I want to'
	jij kunt (kan)	mag	moet	wilt (wil)
	hij kan	mag	moet	wil
	u kunt	mag	moet	wilt
	wij kunnen	mogen	moeten	willen
	jullie kunnen, (kunt)	mogen, (mag)	moeten, (moet)	willen, (wilt)
	zij kunnen	mogen	moeten	willen
PAST:	kon	mocht	moest	wilde/wou
	konden	mochten	moesten	wilden
PAST PARTICIPLES:	gekund	gemoogd	gemoeten	gewild

2. When a modal auxiliary is the conjugated verb in the sentence, the verb associated with it – if the latter is expressed – is in the infinitive form and stands at the end of the clause. The following examples will illustrate this and at the same time show the basic meanings of the modal auxiliaries:

(a) *kunnen* expresses the idea of possibility or ability

| ik kan niet gaan | I can not go |
| zij kan goed schrijven | she can write well |

* The auxiliary *zullen*, used for the future, is presented in the following chapter.

konden jullie niet komen?	couldn't you come?
dat heeft zij nooit gekund	she has never been able to

(b) *mogen* expresses permission or possibility

jij mag niet gaan	you may not go
mogen wij het zien?	may we see it?
hij mag dat niet doen	he must not do that
mocht u hem spreken, ...	should you (if you should) speak with him, ...

(c) *moeten* expresses obligation

je moet het doen	you must do it
moest jij ook werken?	did you have to work too?
u moest meer eten	you ought to eat more
ik moet nu weg	I ought to go now
dat moet hij niet doen	he shouldn't do that

(d) *willen* expresses desire

wil je het voor me doen?	will you do it for me?
hij wilde (wou) het niet zeggen	he did not want to say it
ik wou graag een kilo aardappelen hebben	I would like to have a kilogram of potatoes
zij hebben het altijd gewild	they always wanted to

3. The modals can also be used independently, i.e., without an accompanying infinitive. The meaning of *gaan*, *komen* and *doen* is very frequently understood:

ik kan het niet	I can not do it
hij moet vroeg weg	he must leave early
zij wil niet naar huis	she does not want to go home
je mag niet naar binnen	you may not come (go) in

4. The verb *laten* 'to let' is used in the same type of construction as modal auxiliaries, in the meaning 'to have something done':

ik laat mijn jas stomen	I have my coat cleaned
hij liet zijn haar knippen	he got a haircut
je moest je schoenen laten repareren	you ought to have your shoes repaired

But often *laten* is equivalent to English 'to let':

hij laat me gaan	he lets me go
zij wilden me niet laten eten	they did not want to let me eat

5. When any verb is used in association with an infinitive without *te* (see below), the perfect tenses are formed not with the past participle of this verb but with the infinitive. This is true not only of the modal auxiliaries and *laten*, but also of *zitten, staan, komen, gaan, horen, zien* and others.

*hij heeft niet kunnen komen**	he has not been able to come
*wij hebben niet mogen gaan**	we have not been allowed to go
hebben jullie moeten werken?	did you have to work?
ik heb altijd willen reizen	I have always wanted to travel
ik heb mijn schoenen laten repareren	I have had my shoes repaired
*hij heeft de hele middag zitten werken***	he has been working all afternoon
de kinderen zijn gaan kijken	the children have gone to look
zij is even komen kijken	she just came to have a look
hebt u hem zien komen?	have you seen him coming?
wij hebben haar horen zingen	we have heard her sing

6. Many other verbs can be used in association with an infinitive, but in these cases the infinitive must be preceded by *te* 'to':

hij hoeft het niet te doen	he does not need to do it
ik begin te schrijven	I begin to write
wij probeerden het te zien	we tried to see it
wij hebben geprobeerd het te zien	we have tried to see it
wij hebben het proberen te zien	

Vocabulary

anders, otherwise	*best*, very well
band, tire	*bij'zonder* [bee-], especially

* 'Logic' would seem to call, and usually does call, for the use of *hebben* in the perfect tense of modals such as *kunnen* or *mogen*. Nevertheless, Dutch refuses as stoutly as any other language to be 'logical'. When an 'action' verb (Ch. 14:4) occurs in a sentence like this, many speakers and not a few writers seem to be influenced instead by the perfect auxiliary of this verb (*hij is gekomen, wij zijn gegaan*), and say *hij is niet kunnen komen, wij zijn niet mogen gaan*, and so on.

** But: *hij zat te werken*   'he was working'
   zij stonden te praten   'they were talkin g'

België, Belgium
boerderij, farm
het con'cert, concert
duidelijk, distinct
Engels, English
fooi, tip
het fototoestel, camera
graag, gladly
gratis, free (of cost)
handschoen, glove
Hollands, Dutch*
hulp, help
ijskast, refrigerator
kaart, ticket
lek zijn, to leak
lenen, to lend, borrow
leren, to learn

ober, waiter
oefening, practice
om te, in order to
over, by way of
pudding, pudding
het sinaasappelsap, orange juice
het toetje, (colloq.) dessert
trouwens, in fact
uitnodiging, invitation
uitspraak, pronunciation
Vlaanderen, Flanders**
het vliegtuig, plane
voor'al, above all
wel eens [es], now and then
het woordenboek, dictionary
zwemmen (*zwom, gezwommen*),
   to swim

Idiomatic expressions

Zij liet mij haar nieuwe ijskast zien
She showed me her new refrigerator

Hij heeft de borden laten vallen
He has dropped the plates

Het kan mij niet schelen!
I don't care!

U had het zó moeten doen
You should have done it this way

Je kunt beter met de trein gaan
It would be better to go by train

Dat mag (*niet*)
That is (not) permitted

Dat kan (*niet*)
That can (not) be done

Dat hoeft niet
You don't have to do that

Dat moet wel
That has to be done, that can't be helped

Dat wil zeggen (*d.w.z.*)
That is (i.e.)

Het is tijd om weg te gaan!
It is time to leave!

Hij kwam binnen zonder een woord te zeggen
He came in without saying a word

Ik zat daar de hele avond zonder te praten
I sat there all evening without talking

* Usually, though not always, with the understanding that only the two western provinces called *Holland* are being referred to.
** Strictly speaking, the two westernmost provinces of Belgium (see map), but in colloquial usage referring to the whole Dutch-speaking part of the country.

Exercises

24. – *Spreekt u Nederlands?*

– Ja meneer, ik kan het al een beetje spreken.
– *En kunt u alles verstaan, wat ik zeg?*
– Ik kan u best volgen, maar u moet langzaam praten.
– *Vindt u de Nederlandse taal gemakkelijk?*
– De uitspraak is wel moeilijk, maar ik wil het goed leren.
– *Ja, dat komt met een beetje oefening. Kunt u het ook lezen en schrijven?*
– Ik schrijf wel eens een brief in het Nederlands, maar ik moet een woordenboek gebruiken.
– *Ik heb op school Engels moeten leren, maar nu kan ik het niet meer spreken.*
– Ja, je vergeet het gemakkelijk.

Translate into English:

25. 1. Kunt u mij een paar gulden lenen? 2. U moest eigenlijk niet op het trottoir fietsen. 3. Dag meneer! Ik wou graag wat haring hebben. 4. Hoeveel hebt u voor dit fototoestel moeten betalen? 5. Je moet die kopjes vooral niet laten vallen. 6. Ik heb gisteren mijn haar laten knippen. 7. U hoeft niet helemaal naar het centrum om de kaarten voor het concert te kopen. 8. Dat kan mij helemaal niet schelen. 9. Hij heeft om hulp gevraagd, maar niemand heeft hem willen helpen. 10. Zij praatte zonder naar mij te luisteren. 11. Niemand heeft dat voor hem willen doen. 12. Ik had vorige week eigenlijk naar België willen gaan. 13. Ik heb altijd Gent en Brugge willen bezoeken. 14. Hij heeft vaak naar Vlaanderen gemoeten. 15. Ik wou graag nog een beetje pudding. 16. Mag ik hier roken? Nee meneer, hier mag dat niet. 17. Kunt u deze schoenen vandaag nog repareren? Ja meneer, dat kan. 18. Moeten de kinderen ook pudding eten? Nee, dat hoeft niet. 19. Zij wilde komen om je haar nieuwe fototoestel te laten zien. 20. Hij praatte veel, maar ik kon hem niet verstaan. Ik heb hem trouwens nooit kunnen verstaan. 21. U moet goed kijken, anders kunt u het niet zien. 22. Kunt u hem nu zien komen? 23. Het spijt mij, maar ik heb hem niet horen spreken. 24. Kan ik over Breda gaan? Ja, maar u kunt beter over Tilburg gaan. 25. Ik wou graag een Hollandse boerderij bezoeken.

Translate into Dutch:

26. 1. You do not need to give the waiter a tip; the tip is (*staat*)

already on the bill. 2. Are you thirsty? You may have some orange juice. 3. Do you want some milk? You have to look in the refrigerator. 4. We have (gotten) your invitation, but we haven't been able to come. 5. You must eat enough. Otherwise you can't work well. 6. One of the tires leaks. Can you repair it? 7. I have just had the other tire repaired. 8. You don't need to pay (in order) to swim here. It is free. 9. Why haven't you been able to find your gloves? 10. I don't know, but I hope to find them tomorrow. 11. Do you want to take courses at the university? 12. You should not talk so fast. Nobody can understand you. 13. I try to speak slowly and distinctly, but I can never [do] it. 14. On the farm you can always get milk. 15. She wanted to come by plane. She has always wanted to come by plane. 16. I have to get my camera repaired.

17 The future. The present participle and the infinitive

1. The verb used for the future resembles a modal auxiliary in form and might be said to function as one in expressing conjecture, probability or inevitability. The conjugation of *zullen* in the present and past is:

ik zal komen	'I will come'	*ik zou komen*	'I would come'
jij zult, zal		*jij zou*	
hij zal		*hij zou*	
u zult		*u zou, zoudt*	
wij zullen		*wij zouden*	
jullie zullen, zult		*jullie zouden*	
zij zullen		*zij zouden*	

The infinitive normally accompanying *zullen* stands at the end of the clause. In the following examples, note that the past forms of *zullen* express the conditional:

ik zal het morgen doen	I will do it tomorrow
wij zullen het in de stad kopen	we will buy it down town
dan zul je het morgen moeten brengen	then you will have to bring it tomorrow
ik zal het morgen proberen te vinden	I will try to find it tomorrow
dat zou ik nooit doen!	that I would never do!
zou je dat kunnen doen?	would you be able to do that?
ik zou graag een paar handschoenen willen hebben	I would like to have a pair of gloves

2. The verb *gaan* is used to express intention in a construction analogous to the English 'going to':

dat ga ik morgen niet doen	I'm not going to do that tomorrow
wanneer ga je dat boek lezen?	when are you going to read that book?
ik ga nu mijn haar wassen	I'm going to wash my hair now
zondag gaat ze naar de t.v. kijken	Sunday she is going to watch TV

Note that *gaan* plus infinitive is also used very commonly to indicate the beginning of an action. Though this meaning is not easy to distinguish from the above, the past tense is possible here but not when the meaning is one of pure intention.

hij gaat aan tafel zitten	He sits down at the table
zij ging weer liggen ⎱	She lay down again
zij is weer gaan liggen ⎰	

3. Dutch commonly expresses an expectation with the present tense of the verb when the idea of conjecture can be assumed, especially if an adverb of futurity makes this obvious:

dat doe ik morgen	I'll do that tomorrow
zij komen pas later	they won't come until later
volgend jaar trouwen we	next year we get married

4. The Dutch verb forms a present participle by the addition of *-d(e)* to the infinitive. This is generally equivalent in its usage to the English '-ing':

een slapende hond	a sleeping dog
ik hoor een huilend kind	I hear a crying child
al doende leert men	one learns (by) doing
de jongen kwam huilend binnen	the boy came in crying

The Dutch infinitive can be used as an abstract noun, always with neuter gender. It is then often equivalent to an English form in '-ing':

reizen is altijd duur	traveling is always expensive
is roken hier verboden?	is smoking prohibited here?

Another pitfall for speakers of English is the expression of the progressive aspect, which is equivalent to '-ing' forms in English but never requires the present participle in Dutch. The most common indication that an action is specifically in progress (which is only one of the meanings of the English 'progressive': consider a sentence like 'I'M GETTING up at six tomorrow') is *aan 't* plus infinitive:

ik ben aan 't schrijven	I'm (in the act of) writing
ik ben een brief aan 't schrijven	I'm writing a letter
hij is de klok aan 't repareren ⎫	
hij is bezig de klok te repareren ⎭	he is repairing the clock

A slightly different shade of meaning is indicated by phrases with verbs of position – which, however, should not be understood too literally in their dictionary meanings:

zij zaten naar de t.v. te kijken	they were watching TV
hij ligt nog te slapen	he is still sleeping
zij staan in de keuken te praten	they are in the kitchen talking

Vocabulary

aanstaande, next (with name of day)
betekenen, to mean
blauw, blue
het bord, sign
buurt, neighborhood
ci'troen, lemon
drank, drink
het eindje, little ways
het exem'plaar, copy
het fietspad, bicycle path
gelijk'vloers, first (ground) floor
gewend aan, used to
kaart, map
limo'nade, fruit drink
links'af, to the left
missen, to miss
nog even, a moment
overmorgen, day after tomorrow

pas op! watch out!
rechts'af, to the right
sinds, since
tegen'over, opposite
toe'vallig, by chance
trap, flight (of stairs)
verbieden (*verbood, verboden*), to forbid
verdieping, story, not including ground floor
verdwalen, to get lost
het verkeersbord, traffic sign
verschillende, various
vlak (preceding preposition), right
volgend, next
het vruchtensap, fruit juice
wijzen (*wees, gewezen*), to show
zo'n = zo een, such a

Idiomatic expressions

Hij zal wel erg knap zijn	He is probably pretty smart
Dat zal wel	Probably so
Even kijken	Let's see

Ik ben van plan om te komen	I intend to come
Wij waren op 't punt om te gaan eten	We were (just) about to eat
Met andere woorden (m.a.w.)	In other words
Steeds (alsmaar) rechtdoor	Right straight ahead
dagen (weken, maanden) lang	for days (weeks, months)

Distinguish carefully between *toen* and *dan*, both equivalent to English 'then'. *Toen* is used only with the past tense and *dan* normally only with present or future.

Ik ging eerst naar Leiden, en toen naar Den Haag	First I went to Leiden, and then to The Hague
Ik ga eerst naar Leiden, en dan naar Den Haag	First I'm going to Leiden, and then to The Hague

Exercises

Translate into English:

27. 1. Morgen zullen we zien hoeveel tijd we hebben. 2. Ik ben op 't punt om weg te gaan. 3. Ik zou graag nog een kopje koffie willen hebben. 4. Zou dat nog even kunnen wachten? Op 't ogenblik ben ik aan 't schrijven. 5. Zou ik vanmiddag de schrijfmachine mogen gebruiken? 6. Jazeker, ik zal hem waarschijnlijk niet nodig hebben. 7. Dan zou ik hem graag willen gebruiken. Ik ben van plan om een paar brieven te schrijven. 8. Ik wist niet wat 'limonade' betekende, want die had ik hier nooit gekocht. 9. Dat is de naam voor verschillende dranken van vruchtensap, het hoeft niet van citroen te zijn. 10. Wij zullen nog wat geld nodig hebben. Ja, dat zal wel. 11. Wat betekent dat blauwe bord met de witte fiets? 12. Dat is een fietspad. U mag daar niet lopen. Met andere woorden: lopen is daar verboden. 13. Ik ben nu al zes weken in Nederland, maar toevallig had ik zo'n bord nog nooit gezien. 14. U bent aan onze verkeersborden nog niet gewend. 15. Een eindje verder zult u een trottoir vinden. 16. Aanstaande dinsdag zal ik naar Nijmegen moeten gaan. 17. Dat zullen we volgende week moeten proberen. 18. De volgende tram komt pas over een minuut of twintig. 19. Kunt u mij de weg wijzen naar de fietshandelaar Van der Maas? 20. Even kijken. O ja, u volgt deze straat een eindje en dan komt u aan een gracht. 21. U gaat de brug over, dan linksaf, en dan is het steeds rechtdoor. U kunt het niet missen. 22. Van der Maas is vlak tegenover de grote kerk. 23. Pas op! U moet in ons

huis niet verdwalen. Wij wonen sinds mei op de tweede verdieping.
24. Wat bedoelt u, 'tweede verdieping'? 25. Dat betekent ongeveer
hetzelfde als 'twee trappen hoog'. De eerste verdieping is dus één
trap hoog. 26. Maar in Amerika is de eerste verdieping gewoonlijk
ook de laagste. Die noemen wij hier 'gelijkvloers'. 27. Bij voorbeeld,
de tweede verdieping is voor u de derde 'story'. 28. Overmogen ga
ik met de trein naar Den Bosch. 29. Het verkeer in Amsterdam zal
wel erg druk zijn.

Translate into Dutch:

28. 1. Since October we have been living on the third 'verdieping'. 2. What does 'verdieping' mean? It does not mean the same
as 'story'. 3. Will you show me the way to the center of the city?
4. Of course. Go straight ahead, and then to the right. 5. But
watch out. You can easily get lost in this city. 6. I was not hungry,
because I had eaten a lot. 7. I would like to have another glass of
orange juice. 8. Let's see. No, we have no orange juice, but we do
have a bottle of milk. 9. You must wait a minute. At the moment
I am reading. 10. Have you been able to find a copy of that book?
11. You have been looking for it for weeks, haven't you? 12. You
may not walk on the bicycle path. It is forbidden. 13. I got lost
because I could not remember where you lived. 14. I am not used
to these streets and bridges. 15. I plan to buy a map in order to
learn the names of the streets. 16. Next week I'm going to buy a
map. Next Wednesday I'm going to buy a copy of that book. 17.
By chance I had never been in this neighborhood. 18. Do you need
your car this afternoon? 19. I do not always know what the traffic
signs mean. 20. In other words, they are difficult. 21. I will buy a
map for you; then you will be able to find all the streets. 22. The
traffic in Rotterdam is very busy. Yes, probably so.

18 Review and reading

Summary of the forms of two typical verbs, *horen* and *vallen*.

PRESENT	*hij hoort*	he hears
	hij valt	he falls
PAST	*hij hoorde*	he heard
	hij viel	he fell
PRES. PERF.	*hij heeft gehoord*	he has heard
	hij is gevallen	he has fallen
PAST. PERF.	*hij had gehoord*	he had heard
	hij was gevallen	he had fallen
FUTURE	*hij zal horen*	he will hear
	hij zal vallen	he will fall
CONDITIONAL	*hij zou horen*	he would hear
	hij zou vallen	he would fall
FUTURE PERF.	*hij zal gehoord hebben*	he will have heard
	hij zal gevallen zijn	he will have fallen
COND. PERF.	*hij zou gehoord hebben*	he would have heard
	hij zou gevallen zijn	he would have fallen
INFINITIVE	*horen*	to hear
	vallen	to fall
PAST PART.	*gehoord*	heard
	gevallen	fallen
PRES. PART.	*horende*	hearing
	vallende	falling

We all learned in school that there are some words and expressions in English which we do not write down just as we say them, and gradually we become aware with increased use of our language that many things sound impossibly 'stiff' when spoken while others look too 'informal' when written. The ways in which we speak and write thus do not exactly correspond. Compare, for instance, the following words and expressions as to pronunciation, grammar and choice of words as you would write them and then as you would say them:

entire	whole
to purchase	to buy
I am going to go home	I'm gonna go home
the man with whom I went	the man I went with
can you obtain a copy?	can you get (ahold of) a copy?

As we will see in the following reading selection, Dutch has an even more clear-cut distinction between 'written' and 'spoken' language. As in English, these two categories are not mutually exclusive, but it can be said that a great many words and expressions common in the written language are spoken, if at all, only in the most stiffly formal type of speech, while many other words and expressions used every day in spoken Dutch are too informal to be used in careful writing.

Vocabulary

adver'tentie [-see], advertisement
als, when
begrijpen (*begreep*, *begrepen*), to comprehend
betekenis, meaning
buitenlander, foreigner
dicht, closed
eens, (here) just
fietsenwinkel, bicycle shop
formeel, formal
geheel, entire
het gevoel, feeling
heden = *vandaag*
hoe, how

het interview, interview
juist, precisely
klinken (*klonk*, *geklonken*), to sound
lijst, list
min of meer, more or less
het nieuwsbericht, radio or TV news
offici'eel, official
op'vallend, striking
in plaats van, instead of
het rijwiel = *fiets*
rijwielhandelaar, bicycle dealer
schijnen (*scheen*, *geschenen*), to appear

schrijftaal, written language
situ'atie [-tsee], situation
soms, sometimes
spreektaal, spoken language
ten'minste, at least
typisch ['tee-pees], typical
uit elkaar, separate
uitdrukking, expression

het verschil, difference
verwarrend, confusing
Vlaming, Fleming
het voorbeeld, example
werpen (*wierp, geworpen*) = *gooien*
weten te, to know how to
zoals, like, as

Schrijftaal en spreektaal

– In de laatste week of drie heb ik hier en daar het woord 'rijwiel' gezien, en dat schijnt gewoon 'fiets' te betekenen. In de krant zie je wel eens advertenties voor 'rijwielen' en de man die ze verkoopt is soms een 'rijwielhandelaar', maar volgens de verkeersborden rijd je naast de straat op een 'fietspad'. Waarom zijn er twee woorden? Of is er een verschil tussen 'rijwiel' en 'fiets'?

– *Je hebt gelijk, dat zal wel moeilijk zijn voor een buitenlander. Nee, er is eigenlijk geen verschil in betekenis tussen die twee woorden. Maar het woord 'rijwiel' gebruiken we alleen maar in heel officiële taal. Wij zeggen en schrijven altijd 'fiets'. Nog typischer voor het Nederlands is het verschil tussen 'schrijftaal' en 'spreektaal'. Dat is veel opvallender dan in het Engels. Neem bij voorbeeld het woord 'heden'. Dat schrijven wij vaak, maar als wij spreken, zeggen wij het nooit. Weet je wat we wel zeggen?*

– 'Vandaag' geloof ik.

– *Juist! Je hebt zeker ook het woord 'geheel' gezien of gehoord, in uitdrukkingen zoals 'het gehele jaar', 'geheel Amsterdam', of 'geheel onmogelijk'. Maar dat is ook een typisch schrijftaalwoord. In de eerste twee gevallen zouden wij zeggen 'het hele jaar' en 'heel Amsterdam', en in het derde 'helemaal onmogelijk'.*

– Nu begin ik het te begrijpen. Jullie zeggen 'gooien' maar schrijven 'werpen', en jullie zeggen 'sturen' maar schrijven 'zenden'.

– *Ja, maar 'zenden' is geen goed voorbeeld. Dat klinkt een beetje formeel. Ik zou altijd 'sturen' schrijven, nooit 'zenden'.*

– En hoe is het met 'zeer'?

– *Ook een schrijftaalwoord. Wij schrijven wel eens 'zeer goed', maar Nederlanders zeggen alleen 'heel goed' of 'erg goed'. Voor Vlamingen is het woord 'zeer' helemaal niet formeel maar doodgewoon.*

– De taal van radio en televisie klinkt voor mij ook anders dan de gewone spreektaal.

– *Ja, in een formele situatie kun je heel best schrijftaal spreken. Daar heb je al een voorbeeld: ik zei 'kun je', maar in de nieuwsberichten of interviews hoor je meestal 'kan men'! Je hoort daar ook vaak 'hedenavond' voor 'vanavond', 'zeer' voor 'heel', 'thans' voor 'nu', 'wiens' voor 'van wie', en nog veel meer.*

– Ik hoorde heel vaak ook uitdrukkingen zoals 'reeds bekend' in plaats van 'al bekend', en 'enige malen' in plaats van 'een paar keer'.

– *Heel juist. Je hebt nu al – ik zou kunnen schrijven 'thans reeds'! – een goed gevoel voor onze schrijftaal. Wij spreken niet altijd zoals wij schrijven, en hebben eigenlijk twee talen. Om het Nederlands goed te kunnen spreken en schrijven moet je ze goed uit elkaar weten te houden.*

– Ik vind het allemaal een beetje verwarrend, maar ook heel interessant. Ik ga een lijst beginnen van die verschillen.

SPREEKTAAL	SCHRIJFTAAL
fiets (gewoon)	*rijwiel (officieel)*
vandaag	*heden*
heel, helemaal	*geheel*
gooien	*werpen*
sturen	*zenden*
erg, heel	*zeer*
je kunt spreken	*men kan spreken*
vanavond	*hedenavond*
dat is nu al bekend	*dat is thans reeds bekend*
een paar keer	*enige malen*
veel mensen	*vele mensen*
hij doet de deur dicht	*hij sluit de deur*

19 *Separable prefixes*

1. Large numbers of Dutch verbs are regularly accompanied by an adverb prefix which in some way modifies the basic meaning of the verb. Generally these prefixes are stressed, and are distinct in function from the unstressed prefixes (*be-*, *ver-*, etc.). Many stressed – or separable – prefixes also have an independent meaning as adverbs or prepositions, and the modification they bring about in the verb is often rather obvious as a combination of prefix plus verb:

		(plus)		(becomes)	
binnen	'inside'	*komen*	'to come'	*binnenkomen*	'to come in'
op	'up'	*staan*	'to stand'	*opstaan*	'to get up'
over	'over'	*stappen*	'to step'	*overstappen*	'to transfer'
uit	'out'	*geven*	'to give'	*uitgeven*	'to publish'
met	'with'	*gaan*	'to go'	*meegaan*	'to go along'

In many other cases, however, the meaning of the combination is not so obviously the sum of the two parts:

door	'through'	*brengen*	'to bring'	*doorbrengen*	'to spend' (time)
af	'off'	*spreken*	'to speak'	*afspreken*	'to make an appointment'
aan	'on'	*steken*	'to stick'	*aansteken*	'to light, turn on'

Some prefixes are not adverbs or prepositions when used independently, and some have no use other than as a prefix:

geluk	'fortune'	*wensen*	'to wish'	*gelukwensen*	'to congratulate'

teleur (no inde- pendent meaning)	*stellen* 'to place'	*teleurstellen* 'to disap- point'

Literally thousands of such combinations are possible in Dutch, and the meanings of probably the majority of them are not difficult to guess. Certain usages have become established in the language, however, and new combinations of prefix and verb cannot be made up arbitrarily. Verbs like the above are always listed in vocabularies and dictionaries under the prefix.

2. When the verb is in the infinitive form, the prefix is written with it as one word.

hij moet het geld **aannemen**	he must accept the money
mag ik u mijn vrouw **voorstellen?**	may I introduce my wife to you?
ik zal je later **opbellen**	I will call you up later

When the verb is in a conjugated form (i.e., not infinitive or participle), the prefix is separate from it and stands at the end of the clause:

ik **neem** *geen geld van hem* **aan**	I will accept no money from him
hij **ging** *gisteren met ons* **mee**	he went along with us yesterday
waar **brengt** *u uw vacantie dit jaar* **door?**	where are you spending your vacation this year?

When the verb is a participle, it is written as one word with the prefix but the participial prefix *ge-* (or an unstressed prefix) stands between prefix and verb:

hij heeft het geld **aangenomen**	he has accepted the money
ik ben vandaag vroeg **opgestaan**	I got up early today
wij hebben een week in Parijs **doorgebracht**	we spent a week in Paris
dat heb ik u niet **aanbevolen**	I didn't recommend that to you

When the infinitive must be accompanied by *te* (see Chapter 16: 6), this separates prefix and verb:

zij hopen het boek volgend jaar **uit** *te* **geven**	they hope to publish the book next year
hij probeert het licht **aan** *te* **steken**	he tries to turn on the light
u hoeft niet **mee** *te* **gaan**	you do not need to go along

3. Many verbs have an accented prefix which is not separated;

these are, however, insignificant in number compared to the separable verbs:

wilt u mij even waarschuwen?	Will you let me know?
zij waarschuwden ons niet	they did not warn us
ik heb u gewaarschuwd!	I have warned you!
hebt u al het woordenboek geraad-pleegd?	have you already consulted the dictionary?

4. A few verbs have prefixes which are identical with the separable prefixes, but which are unstressed and inseparable:

ik hoop zo een ongeluk te voor-'komen	I hope to prevent such a misfortune
zij onder'gaat een operatie	she undergoes an operation
hij onder'nam een lange reis	he undertook a long journey

Vocabulary

aanbieden (*bood, geboden*), to offer
aandraaien, to turn on
aankomen (*kwam – kwamen, is gekomen*), to arrive
aansteken (*stak – staken, gestoken*), to light
aantrekken (*trok, getrokken*), to put on
afgesproken! agreed! O.K.!
afspraak, appointment, date
binnenkomen (*kwam – kwamen, is gekomen*), to come in
het ca'deau [kah-'doh], present
dichtdoen, to close
di'rect, right away
doorbrengen (*bracht, gebracht*), to spend (time)
feliciteren, to congratulate
gastheer, host
inpakken, to wrap
het kwar'tier, quarter hour
kwijtraken (*kwijt-raken*), to get rid of, to lose

kwijt zijn, to be rid of, to have lost
het licht, light
meebrengen (*bracht, gebracht*), to bring along
meegaan (*ging, gegaan*), to go along
meenemen (*nam – namen, genomen*), to take along
na, after
onder'gaan (*onderging, ondergaan*) to undergo
opbellen, to call up
opmerken, to remark, notice
opstaan (*stond, gestaan*), to get up
opzoeken (*zocht, gezocht*), to visit
overstappen, to transfer
oversteken (*stak – staken, gestoken*), to cross (street)
regenjas, raincoat
schoonmaken, to clean
terugkeren, to return
terugkomen (*kwam – kwamen, is gekomen*), to come back

terugsturen, to send back	*verandering*, change
uitnodigen, to invite	*verjaardag*, birthday
uitstellen, to postpone	*voorstellen*, to suggest, introduce
uittrekken (*trok, getrokken*), to take off	*weggaan* (*ging, is gegaan*), to leave

Idiomatic expressions

ik ben mijn handschoenen kwijt	I have lost my gloves
hij is woensdag jarig	Wednesday is his birthday
ik feliciteer hem met zijn verjaardag	I wish him a happy birthday
dat kan ik me wel voorstellen	that I can imagine

Exercises

Give the present, past and present perfect for the following (example: *aannemen, hij neemt aan, hij nam aan, hij heeft aangenomen*):

inpakken	weggaan	opstaan	opbellen
opzoeken	terugkeren	doorbrengen	meegaan
meenemen	meebrengen	kwijtraken	aantrekken

Translate into English:

29. 1. Mijn vriend belde mij gisteren op en nodigde mij uit een avond bij hem door te brengen. 2. 'Zal ik mijn vrouw meebrengen?' vroeg ik. 3. Afgesproken! Ik stel het volgende voor: jullie gaan met ons mee naar mijn broer in Middelburg om hem te feliciteren met zijn verjaardag. Hij is maandag jarig. 4. 'Wij moeten onze regenjassen meenemen', zei mijn vrouw. 5. Wij namen de trein naar Dordrecht. 'Maar wij moeten in Rotterdam overstappen', merkte ik op. 6. 'Kom binnen!' zei hij. 8. Wij zaten even in de woonkamer te praten. Hij bood ons een kopje thee aan. 9. 'Ik heb mijn broer net opgebeld', zei hij, 'wij kunnen hem direct opzoeken'. 10. Wij gingen weg en kwamen een paar minuten later bij zijn broer aan. 11. Het was een gezellige avond. Wij hadden wat cadeaus meegebracht. 12. 'Wij moeten weg!' zei mijn vrouw eindelijk. 'Dat kunnen we nog een paar minuten uitstellen', antwoordde ik. 13. Maar wij moeten morgen vroeg opstaan'. 'Nee, wij komen niet zo erg laat thuis'. 14. Wij brachten nog een kwartier bij de broer van mijn vriend door en gingen toen weg. 15. Wij hadden nog geen zin om weg te gaan. 16. 'Volgend jaar moeten jullie terugkomen!' zei onze gastheer. 'Afgesproken!' zeiden wij en keerden naar huis terug.

Translate into Dutch:

30. 1. He came into the room and closed the door. 2. She has had to clean the room. 3. Phone me tomorrow, (and) then you can make an appointment with me. 4. She was disappointed, but he did not notice it. 5. She has not put on her new gloves yet. 6. We had to postpone our visit a bit. 7. He put his shoes on. He took his raincoat off. 8. Did you put on your best raincoat? 9. We'll take the train to Rotterdam, change in Delft, and spend the day with (*bij*) friends in Rijswijk. 10. We called them up and congratulated them. 11. Will you wrap this coat well for me? I must not lose it. 12. Since 1945 Rotterdam has undergone many changes. 13. After our visit we came back by train by way of The Hague. In the train we sat and talked. 14. Wait for the green light, and then cross* the street. 15. We got up early and left, because we had an appointment to (*om...te*) visit Mrs. Verbruggen. 16. I gave him the matches, and he lit his cigarette. 17. Don't forget to bring that book back! 18. I have to call somebody up. 19. I lost my coat. 20. I finally got rid of ** that old coat.

---

* *en steek dan...*
** *kwijtraken* takes *zijn* in the perfect tenses.

20 Conjunctions, relative pronouns

1. A conjunction is a word which serves to introduce a clause and connect it to an accompanying clause. Dutch conjunctions call for two different types of word order. Many conjunctions with which we have already become familiar simply form a connecting link between clauses without making any change in word order. These are the so-called COORDINATING CONJUNCTIONS.

hij komt binnen **en** neemt de krant	he comes in and takes the paper
heb jij geld **of** zal ik het betalen?	do you have money or shall I pay it?
ik zal het betalen, **want** ik heb geld genoeg	I'll pay it, because I have enough money
hij gaf mij de rekening, **maar** ik had geen geld	he gave me the bill, but I had no money

An even larger number of conjunctions require the conjugated verb to be placed at the end of the clause they introduce. This clause is said to be subordinate to the other, 'main' clause, and the conjunctions that can introduce it SUBORDINATING CONJUNCTIONS.

ik weet **dat** hij veel vrienden **heeft**	I know that he has a lot of friends
zij vragen **of** wij overmorgen **meegaan**	they are asking whether we are going with them the day after tomorrow
ik ga mee, **hoewel** ik niet veel tijd **heb**	I will come along, although I do not have much time
ik keerde terug, **omdat** ik het niet **vond**	I returned, because I did not find it
ik zal je helpen, **als** je 't me **vraagt**	I will help you, if you ask me

hij had geen auto **toen** *hij in de* *stad* **woonde**	he had no car when he lived in town
ik luisterde naar de radio **terwijl** *ik de krant* **las**	I listened to the radio while I read the paper

The conjugated verb placed at the end of the clause nevertheless usually does not come past an infinitive unless this verb is a modal auxiliary, and may either precede or follow a past participle:

hij komt niet, **omdat** *hij vandaag* **moet werken (werken moet)**	he is not coming, because he has to work today
zij zei **dat** *ze het niet* **kon vinden (vinden kon)**	she said (that) she couldn't find it
zij zei **dat** *ze het niet* **heeft ge-vonden (gevonden heeft)**	she said that she hasn't found it
nu *al de gasten* **aangekomen zijn,** *kunnen we aan tafel gaan*	now that all the guests have arrived, we can go to the table

The subordinate clause may come first; in this case the word order of the subordinate clause itself remains the same as the above but the order of subject and verb of the main clause is reversed (so that the verb will still stand in second place):

omdat *ik het niet vond, keerde ik terug*	since I didn't find it, I returned
als *je 't me vraagt, dan zal ik je helpen*	if you ask me, then I will help you
toen *hij in de stad woonde, had hij geen auto*	when he lived in town he had no car

The subordinate conjunctions must be learned with particular care as 'the words which put the verb at the end of the clause', since subordinate word order is an entirely strange feature to speakers of English. The most common subordinating conjunctions are:

als	'if, when'	*nu*	'now that'
daar	'since'	*of*	'whether'
dat	'that'	*omdat*	'because'
hoe	'how'	*ter'wijl*	'while'
hoe'wel	'although'	*toen*	'when'
nadat	'after'	*totdat*	'until'

voordat	'before'	*zo'dra*	'as soon as'
zodat	'so that'	*zo'lang*	'as long as'

Observe that several of the subordinating conjunctions have a form identical with other conjunctions or other parts of speech and can be distinguished by the word order of the clause.

Of as a subordinating conjunction means 'whether', and as a coordinating conjunction it means 'or':

ik weet niet of hij vandaag komt	I don't know whether he is coming today
komt hij mee, of blijft hij thuis?	is he coming along, or is he staying at home?

Als, daar and *toen* are also adverbs:

(conj.)	*ik zal het doen, als ik het kan*	I will do it if I can
(adv.)	*als student hoef ik niet veel te betalen*	as a student I do not need to pay much
(conj.)	*ik kon niet betalen, daar ik geen geld had*	I could not pay, since I had no money
(adv.)	*daar ontmoette hij een kennis*	there he met an acquaintance
(conj.)	*toen hij jong was, las hij veel*	when he was young he read a lot
(adv.)	*ik ging eerst naar Leiden, en toen naar Den Haag*	I went first to Leiden, and then to The Hague

2. Indirect questions, introduced by one of the interrogatives *waar, waarom, wanneer, wat, wie*, take the form of subordinate clauses:

Weet je wanneer hij komt?	Do you know when he's coming?
Ik weet niet wie die mensen zijn	I don't know who those people are
Hij heeft niet gezegd waarom hij het vandaag niet kan doen	He hasn't said why he can't do it today

3. A relative pronoun introduces a clause which gives additional information about something (the ANTECEDENT) mentioned in the preceding clause. The relative pronoun for all neuter singular nouns is *dat*, and for all other nouns including plurals *die*. Relative pronouns function as subordinating conjunctions as regards the place of the verb:

*de man **die** u gisteren ontmoette heet Bakker*	the man (whom) you met yesterday is called Bakker

*kent u de mensen **die** daar wonen?*	do you know the people who live there?
*dat is het huis **dat** ik pas heb gekocht*	that is the house (that) I have just bought

When a preposition must be used before a relative pronoun of common gender, the pronoun *wie* is used instead of *die* when it refers to a person:

*de man **met wie** ik in de winkel praatte......*	the man with whom I was talking in the store......
*de mensen **bij wie** wij wonen heten van Dorp*	the people with whom we live are called Van Dorp the name of the people we live with is Van Dorp

A neuter relative pronoun or a relative pronoun referring to an inanimate object is never used after a preposition. The construction used is discussed in Chapter 22.

4. The relative pronoun *wat* is used when no antecedent is expressed, when the clause refers to a whole idea, and after some indefinite pronouns:

*ik kan hier niet krijgen **wat** ik nodig heb*	I can not get what I need here
*hij kan niet komen, **wat** ik jammer vind*	he can not come, which I think is too bad
*nu heb ik alles **wat** ik nodig heb*	now I have everything (that) I need

Vocabulary

bovenste, top	*ondanks*, in spite of
het feit, fact	*on'middellijk*, immediately
fout, mistake	*ontzettend*, awful
goed, (here) right	*oppassen*, to watch out
horen, to belong	*plank*, shelf
infor'meren, to find out	*prin'ses*, princess
konin'gin, queen	*speci'aal*, especially
leuk, nice	*toesturen*, to send (to)
lijken (leek, geleken), to seem	*tweede'hands* (uninflected),
mu'ziek, music	second hand

uitdrukken, to express	*vervelend*, boring, annoying
verdienen, to earn	*wand*, wall
het verhaal, story	*ziek*, sick
vertellen, to tell	*zonnig*, sunny

Idiomatic expressions

hij is verkouden	he has a cold
wij maken een tocht naar...	we are taking a trip to...
zij maakte een reis naar Engeland	she took a trip to England
hij werkt aan één stuk door	he works without ceasing
ik heb belangstelling voor geschiedenis *ik interesseer mij voor geschiedenis*	I am interested in history
zullen we in de stad gaan koffiedrinken?	shall we have lunch down town?
bij de koffie	at lunch
bij het ontbijt	at breakfast
hij ging de deur uit	he went out the door
ik heb hem de hele dag niet gezien	I have not seen him all day

Exercises

Connect the two clauses with the conjunction given, placing the verb of the subordinate clause in the proper position:

Ik zie (dat) Hij weet het
Zij belde op (voordat) Ik was teruggekomen
Hij werd rijk (toen) Hij werkte in Amsterdam
Ik heb een boek gekocht (maar) Ik heb het niet gelezen
Wij weten het niet (want) Wij hebben het niet gehoord
Hij werkt niet (omdat) Hij is ziek
Is het boek interessant? (of) Heb je het niet kunnen lezen?
Ik zal je de sleutels geven (als) Je hebt ze nodig
Zij wil het weten (hoewel) Het is niet belangrijk
Ik ging weg (terwijl) Zij maakte de kamers schoon

Translate into English:

31. 1. Hij vroeg of ik belangstelling had voor muziek. 2. Wist u dat een kennis van u vandaag opgebeld had? Hij had het over een nieuwe auto. 3. De spiegel, die altijd daar aan de wand heeft gehangen, is gisteren gevallen. 4. Voordat Juliana koningin was, heette zij Prinses Juliana. 5. Toen hij gisteren bij ons was, maakte hij een afspraak met ons. 6. Zij zei niet wanneer zij het zou brengen. 7. Toen wij het gisteren bij de koffie over verjaardagen hadden, hoorde ik dat jij vandaag jarig bent. 8. Ik zal informeren of dit de goede trein is. 9. Dat blauw-rode bord betekent dat je hier niet mag parkeren. 10. Zou het niet leuk zijn als we een tocht maakten naar Antwerpen? 11. Ja, dat lijkt me goed, als het tenminste niet te duur is. 12. Toen hij dat tegen me gezegd had, nam hij onmiddellijk zijn jas en ging de deur uit. 13. Hij kwam, ondanks het feit dat hij verkouden was. 14. Ik heb u de catalogus niet toegestuurd, omdat u zei dat u geen tweedehands boeken wilde kopen. 15. Ik geloof dat die schoteltjes daar in de kast horen. 16. Van wie zijn ze? Zij zijn van Mevrouw Roes. 17. Nadat zij weg waren, konden wij eindelijk naar bed gaan. 18. Weet u waar ik Henk kan vinden? Het spijt mij, maar ik weet niet waar hij is. 19. Hoewel ik mij vrij goed in het Nederlands uitdruk, moet ik altijd oppassen om fouten te voorkomen. 20. Wanneer zij en haar moeder samen zijn, praten ze aan één stuk door. 21. Zij hebben elkaar veel te vertellen. 22. Toen ik dat verhaal las, vond ik het erg goed.

Translate into Dutch:

32. 1. I heard yesterday that you had taken a trip to Antwerp. 2. The story that she told me yesterday was good. 3. I read a story or the paper every day, if I have time. 4. If I had earned more money, it would not be necessary to buy a second-hand car. 5. I asked whether the second-hand books in this catalogue were too expensive. 6. When I came in, he got up and left. 7. You are not allowed to park where you see a red and blue sign at the side of the street. 8. The signs that I have seen were all red and white. 9. I don't know where the catalog is that you sent me. 10. I don't know how he can work so much without resting. 11. He works ceaselessly. 12. As long as the weather stays sunny, we can take a lot of trips. 13. It is boring if you have to sit at home all day, especially in the summer. 14. You don't know what I did with the dictionary? You know that it is always on the top shelf. 15. The dictionary is on the top shelf, where we always keep it. 16. The city hall is very interesting, because it is very old. 17. He was talking about his new house.

21 Word order: the place of the verb

1. The principal element in a Dutch sentence is the verb; in one sense, the entire sentence is built up around it. The reason why we can say this is that the position of the verb is rigidly determined far more so than is true of any other parts of speech. The verb regularly occupies first, second or last place in its clause, the rules for its placement depending upon the type of clause (coordinate or subordinate) and upon the form of the verb (a conjugated or 'finite' form, infinitive, or participle).

When the verb of an ordinary sentence or main clause is made up of two or more such elements, one element will always stand near the beginning of the sentence and the rest at the end.

2. The rules for the placing of the verb and verb forms are:
(a) The finite verb regularly stands SECOND IN THE SENTENCE. Ordinarily the subject precedes it:

hij gaat naar de stad	he goes down town
ik heb de brief geschreven	I have written the letter
wij moeten briefkaarten kopen	we have to buy postcards

If another element is placed first for emphasis, the order of verb and subject are reversed to keep the verb in second place:

vandaag gaat hij naar de stad	today he is going down town
dat boek heb ik niet gelezen	that book I have not read
vóór vrijdag zal ik u niet kunnen helpen	before Friday I will not be able to help you

The first element in the sentence may be an entire clause, usually subordinate. The verb of the main clause still follows immediately after it, in second place:

toen hij in de stad woonde, had hij geen auto	when he lived in town he had no car
als ik het heb, zal ik het u geven	if I have it, I will give it to you

(b) The finite verb may also stand FIRST IN THE SENTENCE, for instance in 'yes-no' questions and imperatives:

ga je vandaag naar Amsterdam?	are you going to Amsterdam today?
mag ik je mijn vrouw voorstellen?	may I introduce my wife?
kom morgen een kopje koffie drinken!	come have a cup of coffee tomorrow!

In literary style the verb often stand first in conditional clauses, its position then being equivalent to 'if' in English:

komt de brief nog vóór 10 uur, dan is alles in orde	if the letter gets here before 10, then everything will be all right
(or *als de brief nog vóór 10 uur komt, ...*)	note English: should the letter get here...
doet hij dat toch niet, dan moet u het me laten weten	if he still doesn't do that, then you'd better let me know
(or *als hij dat toch niet doet, ...*)	

(c) The finite verb may stand LAST IN THE SENTENCE OR CLAUSE. As we have seen, this is the case when a clause is introduced by a subordinating conjunction or relative pronoun:

toen ik Nederlands leerde, had ik niet veel tijd	when I learned Dutch I did not have much time
hier is mijn broer, over wie ik je ze veel verteld heb	here is my brother, whom I have told you so much about
ik heb alles wat ik nodig heb	I have everything I need

Observe carefully that when a verb with separable prefix is required to stand at the end, the prefix again becomes part of the verb:

weet u waar hij zijn vakantie door-brengt?	do you know where he spends his vacation?
ik was niet thuis, toen u mij opbelde	I was not at home when you called
hij zegt dat hij niet meegaat	he says that he is not going along

We have already seen that infinitives, past participles and separable prefixes all stand at the end of a clause:

wij moeten een nieuwe auto kopen	we have to buy a new car
ik heb een nieuwe jas gekocht	I have bought a new coat
hij stak zijn sigaret aan	he lit his cigarette

If, in a subordinate clause, the verb is made up of modal auxiliary plus infinitive or future auxiliary plus infinitive, both of these come at the end, usually with the infinitive last:

ik vroeg of wij nog een beetje suiker mochten hebben (hebben mochten)	I asked whether we could have a little more sugar
hij zei dat hij het vandaag niet kon doen (doen kon)	he said he could not do it today
hij weet nog niet of hij het zal kopen	he does not know yet whether he will buy it
ik denk dat ik het morgen zal kunnen doen	I think I will be able to do it to-morrow

When the two components of a perfect tense stand at the end, there is a choice as to which should come first. The Dutch themselves are not always in agreement which sounds better; though the auxiliary is probably more often placed last, the real deciding factor is probably a subtle rhythmic one not easy to reduce to simple rules.

ik weet niet hoe hij het heeft ge-daan *ik weet niet hoe hij het gedaan heeft*	I do not know how he did it
hij verdient niet veel, omdat hij ziek is geworden *hij verdient niet veel, omdat hij ziek geworden is*	he is not earning much, because he got sick
toen ik dat had gezegd, ging ik weg *toen ik dat gezegd had, ging ik weg*	when I had said that, I left

Vocabulary

afsnijden (*sneed, gesneden*),
   to cut off
alle'bei, both
datum, date
een'voudig, simply
het einde, end
enve'loppe, envelope
groet, greeting
hartelijk, cordial
hoofd-, main
hoogachtend, respectfully
hoogachting, respect
inhoud, contents
het laken, sheet
lastig, bothersome
het la'waai, noise
het luchtpostblad, air letter
het mu'seum, museum
nog steeds, still
opgeven (*gaf – gaven, gegeven*),
   to declare

het pakje, package
best, dear (as salutation)
boven'aan, at the top
het briefpapier, stationery
het plakje, slice
postzegel, postage stamp
prettig, pleasant
secreta'resse, secretary
smaken, to taste
het soort, type
straks, pretty soon
het tafellaken, tablecloth
het tarwebrood, wheat bread
ten'toonstelling, exhibition
terugkrijgen (*kreeg, gekregen*),
   to get back
trots op, proud of
trouwen, to get married
va'kantie [-see], vacation
vraag, question
het wittebrood, white bread

Idiomatic expressions

wil je kennismaken met mijn broer?	do you want to meet my brother?
het spijt mij	I am sorry
hij is met vacantie	he is on vacation
mag ik u een vraag stellen?	may I ask you a question?
zij heeft voor tien gulden fruit ge-kocht	she bought ten guilders worth of fruit
met hartelijke (vriendelijke) groeten	with best regards
met de meeste hoogachting	very sincerely yours
volgens mij zou dat beter zijn	I think (in my opinion) that would be better
pepermunt vind ik niet lekker	I don't like peppermint
vind je chocolademelk lekker?	do you like chocolate milk?
de moeite waard	worth the trouble, worthwhile

Exercises

33. – Ik moet een paar brieven schrijven, aan meneer Meertens en aan Piet de Wit. Hebt u misschien briefpapier en enveloppen?

– *Ja, natuurlijk. Hebt u postzegels?*

– Nee, maar ik moet straks naar het postkantoor om briefkaarten en luchtpostbladen te kopen.

– *Maar meneer Meertens kent geen Engels. Bent u van plan om hem in het Nederlands te schrijven?*

– Ja, ik wil eigenlijk proberen ze allebei in het Nederlands te schrijven, maar ik moet u eerst een paar vragen stellen. Hoe moet ik de brief aan meneer Meertens beginnen?

– *Schrijf eerst de datum bovenaan, dus '26 november 1974', en dan kunt u het best met 'Zeer geachte heer' beginnen, of 'Geachte heer Meertens'.*

– Goed. En wat schrijf ik dan aan het einde van de brief?

– *Wij schrijven gewoonlijk 'met de meeste hoogachting', of eenvoudig 'hoogachtend'.*

– Dank u wel. Maar wacht even, hoe is het met die brief aan Piet? Gebruik in dezelfde woorden voor die brief?

– *Nee, die begint u met 'Beste Piet', omdat u hem goed kent, en aan het einde schrijft u 'met vriendelijke groeten' of 'met hartelijke groeten' en dan natuurlijk uw eigen naam.*

Translate into English:

34. 1. Als u een pakje naar Amerika wilt sturen, moet u op het postkantoor de inhoud opgeven. 2. Ik geloof dat ik nog geen kennis met u gemaakt heb. 3. In Holland kunt u verschillende soorten kaas krijgen, maar de twee hoofdsoorten zijn Goudse* en Edammer.* 4. Uw dochter is secretaresse op een groot kantoor in Amsterdam, als ik me niet vergis. 5. De kinderen maken zo'n (zo een) ontzettend lawaai dat ik niet meer kan werken. 6. Ja, dat vind ik ook lastig. Moesten ze niet eigenlijk op school zijn? 7. Bij de kapper, tenminste bij die in de Haarlemmerstraat, kun je voor vier gulden je haar laten knippen. 8. Gaat u overmorgen mee naar die tentoonstelling van schilderijen in het museum? 9. Volgens mij zou het de moeite waard zijn. 10. Het zou wel aardig zijn, maar ik kan maandag niet, want ik moet overdag op kantoor zijn. Het spijt mij.

---

* Adjectives formed from the place names *Gouda* and *Edam*.

11. Hij is trots op de foto's die hij gemaakt heeft toen hij met vakantie was. En ze zijn ook uitstekend. 12. Ik kan me best voorstellen dat zij haar werk als secretaresse prettig vindt. Volgens haar is het prettig werk. 13. Het tafellaken dat u ons hebt gegeven toen wij trouwden gebruiken we nog steeds. 14. U heeft voor acht gulden veertig gekocht, u geeft mij een tientje, en krijgt dus één zestig terug. 15. Wilt u me vertellen hoe u het gedaan hebt?

Translate into Dutch:

35. 1. She is married to (*met*) a professor at the University of Groningen. 2. I would like to go to the exhibition that has* just begun in the library. 3. It would be nice if we had enough money to buy a new car. 4. You don't need to buy a whole cheese, because the grocer can cut off a slice for you. 5. If I am not mistaken, you promised me yesterday that you would do it. 6. I did not know that she was married until she told me (it). 7. If you give the man in the store two guilders fifty, you['ll] get forty cents back. 8. This milk does not taste good. Where did you buy this bottle? 9. Do you know how long he has postponed his visit? 10. I would rather have wheat bread, if you have it today. 11. We do not like white bread. 12. We [have] brought a lot of clothes along in our big suitcase, but no blankets, sheets or tablecloths. 13. He told me what he did when all those people arrived. 14. Naturally he is proud of his family.

---

* *beginnen* takes *zijn* as auxiliary (ch. 14:5).

22 The word ER. Prepositional compounds

1. Dutch has no construction corresponding to our 'of it', 'for it', 'on it', etc.; *van het*, *voor het* are not possible.* Instead, the word *er* is placed before the preposition in question. Note that this is done whenever a preposition is combined with a reference to an inanimate object or objects, whether neuter or not:

(*van het brood:*)	*ik heb een stuk ervan*	I have a piece of it
(*van de kaas:*)	*ik heb een plakje ervan*	I have a slice of it
(*voor het huis:*)	*wat betaalt hij ervoor?*	what is he paying for it?
(*voor de auto:*)	*hij betaalde duizend gulden ervoor*	he paid a thousand guilders for it
(*op het dak:*)	*de kat zit erop*	the cat is sitting on it
(*op de tafel:*)	*de krant ligt erop*	the paper is lying on it

The preposition *met* assumes a special form *mee* and *tot* a special form *toe:*

(*met het mes:*)	*wat doe je ermee?*	what are you doing with it?
(*met de aardappelen:*)	*zij stuurde de jongen ermee*	she sent the boy with them
(*tot een besluit:*) **	*wanneer kwam hij ertoe?*	when did he reach it?

These compounds are often separated by another word in the sentence, regularly by an adverb or an object:

hij zit er nog op	he is still sitting on it
wat doe je er nu mee?	what are you doing with it now?

* The article *het*, however, is never substituted by *er*: *van het boek*, *voor het kind*
** *Tot een besluit komen* 'to reach a decision'.

hij kwam er niet toe	he did not reach it
ik heb er een stuk van	I have a piece of it
betaal je er veel geld voor?	are you paying a lot for it?

2. The expression of 'of this', 'of that', etc., calls for analogous compounds with, respectively, *hier* and *daar*:

ik heb een stuk hiervan (daarvan) ⎱	I have a piece of this (that)
ik heb hier (daar) een stuk van ⎰	
wat doe je hiermee (daarmee)?	what are you doing with this (that)?
wat doe je hier (daar) nu mee?	what are you doing with this (that) now?

Observe that these constructions correspond to the somewhat archaic English 'thereof', 'hereon', etc.

3. Similarly, 'of what' etc. is a compound with *waar*:

waarvan heb je een stuk? ⎱	what do you have a piece of?
waar heb je een stuk van? ⎰	
waarvoor betaal je? ⎱	what are you paying for?
waar betaal je voor? ⎰	
waarop zit hij? ⎱	what is he sitting on?
waar zit hij op? ⎰	

4. Relative pronouns accompanied by a preposition also use *waar*:

het brood, waarvan ik een stuk heb ⎱	the bread I have a piece of
het brood, waar ik een stuk van heb ⎰	
de groente, waarvoor wij veel be-talen ⎫	
	the vegetables we pay a lot for
de groente, waar wij veel voor be-talen ⎭	

Prepositional compounds functioning as relatives can also be used with reference to persons; another version of the sentences in Ch. 20.3 could be

de man waar ik in de winkel mee praatte	the man I was talking with in the store
de mensen waar wij bij wonen heten Van Dorp	the people we live with are called Van Dorp

5. SUMMARY:

ervoor	for it
hiervoor	for this

daarvoor	for that
waarvoor?	for what?
waarvoor	for which

Continuing the pattern of compounds with adverbs of place, Dutch also uses

ergens voor	for something
nergens voor	for nothing
overal voor	for everything

6. The word *er* is used in the expressions *er is*, *er zijn*, referring not to place but to availability or existence:

er is niet genoeg water	there is not enough water
er zijn veel mensen	there are a lot of people

Er normally introduces a subject spoken of in a generalizing way, i.e. not accompanied by a definite article, demonstrative or other specifying modifier. Such a construction is best translated into English by putting the actual subject first:

er staan veel mensen op straat	many people are standing in the street
er kijken altijd veel vrouwen naar dat programma	a lot of women always watch that program
er ligt een krant op tafel	a newspaper is lying on the table

7. *Er* is sometimes used as an adverb of place, functioning as an unstressed form of *daar:*

ik ben er nooit geweest	I have never been there
toen ik er was, dacht ik er niet meer aan	when I was there, I didn't think about it any more

8. *Er* functions in some cases with a partitive meaning (expressing a part of a larger whole) when *-van* has been omitted:

hoeveel wilt u er?	how many of them do you want?
ik wou er graag een dozijn hebben	I would like to have a dozen (of them).

Vocabulary

a'gent, policeman	*bon*, ticket, slip
behalve, except	*brand*, (accidental) fire
bevallen (beviel, bevallen), to please	*col'lectie*, collection
het bezoek, company	*het ding*, thing
	gebeuren, to happen

gevaarlijk, dangerous
grijs, gray
handdoek, towel
het hoofdstuk, chapter
kassa, cashier['s desk]
maat, size
het materi'aal, material
mouw, sleeve
open doen, to open
over, left over
het park, park
prachtig, wonderful
prima, first-class
rekenen (op), to count (on)
schaal, dish

springen (sprong, gesprongen),
  to jump
sterk, strong
het strand, beach
syn'thetisch [sin-tay -tees],
  synthetic
taak, task
tegen, against
vloeken, to clash, swear
voor'delig, inexpensive
vorig, last (previous)
wegrijden (reed, is gereden),
  to ride away
werkelijk, real

Idiomatic expressions

denk erom!	don't forget! watch out!
hij ziet er goed uit	he looks well
het ziet er naar uit dat hij niet komt	it looks as though he is not coming
zo ziet het er uit	that's the way it looks
dat doet me denken aan onze tocht	that makes me think of our trip
naar de Veluwe	to the Veluwe
weet je nog wel?	remember?

Exercises

Form the possible compounds with the following prepositions, e.g. *op; erop* 'on it', *hierop* 'on this', *daarop* 'on that', *waarop* 'on what?', 'on which'.

door	voor	bij	om	tegen	aan
na	naar	van	binnen	langs	achter
boven	over	uit	tussen	naast	met *

Translate into English:

36. 1. Er komt vanavond bezoek. 2. Wij moeten wat kopjes en schoteltjes kopen. Hoeveel moeten we er hebben? 3. Er staat een schaal met appels op tafel. Wilt u er één? 4. Nee, dank u, ik heb er al een gehad. 5. Dank je voor al je hulp. Ik heb je er niet eens om

* What form will this have?

hoeven te vragen. 6. Het ziet er naar uit dat we sneeuw krijgen. 7. Er is gisteren brand geweest. Hebt u erover in de krant gelezen? 8. Je mag wat fruit hebben, of houd je er niet van? 9. Als je niet van fruit houdt, waar houd je dan wel van? 10. Dat is iets waarover wij veel gehoord hebben. 11. Wat denk je ervan? Ik ben er tegen. 12. Ik neem nog een kopje koffie, maar daarna moet ik weg. 13. Er is nog een stuk papier over. Waar zullen we het voor gebruiken? 14. Hier is het boek waar ik nu tweeëntwintig hoofdstukken van heb gelezen. 15. Heb je maar één handdoek? Er moeten er twee zijn. 16. Hij nam zijn fiets, sprong erop, en reed weg. 17. Waaraan doet u dat denken? 18. U hebt gelijk, het zou leuk zijn om in een restaurant in de stad te eten. Daar had ik niet aan gedacht. 19. U leest de krant van vandaag. Staat er iets interessants in? 20. Nee, er is vrijwel niets gebeurd. Er staat hier niets in, behalve een paar dingen over de regering. 21. Ik kan er niets meer van zeggen, omdat ik er nog helemaal niets van weet. 22. Je moet erom denken, dat het erg gevaarlijk kan zijn. 23. Ik reken erop,* dat u mij morgen opbelt. 24. Denk erom, dat je het geld meebrengt. 25. Wat voor een man is hij? Daar kan ik niets van zeggen. 26. Er stonden vroeger drie bomen voor het huis maar nu is er maar één over. 27. Wat is er gebeurd?

Translate into Dutch:

37. 1. The table is in the corner, and your envelopes are lying on it. 2. I wanted to borrow a book from the library, but when I was in town I didn't think of it. 3. It is no easy task; you must not laugh about it. 4. Do you live in Hilversum? I have never been there. 5. The weather looks wonderful today. 6. There is a policeman standing on the corner. Why don't you ask him (it)? 7. When I opened the cupboard, three glasses fell out of it. 8. He arrived last week, but I had heard nothing about it. 9. You must not laugh about it. He is really sick. 10. We have heard that the beach is wonderful, but we have never swum there. 11. I have more than enough handkerchiefs. How many of them do you need? 12. As long as there is enough time, we'll stay. 13. It is a large dictionary, but I can't find that word in it. 14. Yes, that is a difficult word. The meaning of it is difficult to explain. 15. Where did you buy that dish? Did you pay a lot of money for it? 16. The chair in which you are sitting is the best we have.

* 'on the fact'.

– *Dag juffrouw.*

– *Goede middag meneer.*

– *Hebt u ook overhemden?*

– *Jazeker, wij hebben er in alle maten en kleuren. Welke maat had u willen hebben?*

– *Ik heb maat 42. Ik zoek eigenlijk een blauw-grijs met lange mouwen.*

– *Wij hebben net een nieuwe collectie binnen. Er zullen er zeker bij zijn die u bevallen.*

– *Ja maar ik heb liever geen nylon. Hebt u niet een ander synthetisch materiaal?*

– *Zeker meneer, ik heb hier een prima overhemd, niet duur en toch * sterk.*

– *Hoeveel kost het?*

– *Deze hier kost f 24,—.*

– *Hebt u ze niet nog goedkoper?*

– *Ja, ik heb ze wel voordeliger maar niet in dezelfde kleur.*

– *Goed, ik geloof dat ik die maar neem. Nu nog een das erbij – of denkt u dat ik er deze das bij kan dragen?*

– *Ik ben bang dat uw das een beetje bij uw nieuwe overhemd zou vloeken!*

– *Wat hebt u voor dassen?*

– *Wilt u hier even kijken?*

– *Ik neem deze dan maar. Er staat f 17,50 op.*

– *Dat is dan alles bij elkaar f 41,50. Wilt u aan de kassa betalen, alstublieft? Hier is uw bon. Dank u wel meneer en goede middag.*

* See Chapter 23, 'Idiomatic expressions'.

23 Diminutives

1. A DIMINUTIVE is a noun derived from another word, usually also a noun, by a special ending and used to indicate smallness, endearment and other meanings. The Dutch diminutive ending is *-je;* the gender of diminutives is always neuter and their plural is formed by the addition of *-s.* Many words simply add this ending without further change:

huis	'house'	*huisje**	'little house'
boek	'book'	*boekje*	'little book'
zak	'bag, pocket'	*zakje*	'little bag'

In the majority of cases, however, the form of the noun demands certain changes on addition of the diminutive ending. These changes can be stated in the following three rules:

(a) Words containing a long vowel or diphthong, either final or followed by *l n r*, add *-tje:*

ei	*eitje*	'little egg'
vrouw	*vrouwtje*	'little woman'
stoel	*stoeltje*	'little chair'
schoen	*schoentje*	'little shoe'
deur	*deurtje*	'little door'

This applies also to words ending in *-el -en -er:*

tafel	*tafeltje*	'little table'
deken	*dekentje*	'little blanket'
kamer	*kamertje*	'little room'

* s + j = 'sh' [š]

(b) Words containing a short vowel and ending in *l r m n ng* add
-etje:

bel	*belletje*	'little bell'
ster	*sterretje*	'little star, asterisk'
kam	*kammetje*	'little comb'
pan	*pannetje*	'little pan'
ding	*dingetje*	'little thing'

(c) Words containing a long vowel, diphthong, unstressed vowel
or vowel plus *r, l* and ending in *-m* add -pje:

boom	*boompje*	'little tree'
duim	*duimpje*	'little thumb'
bezem	*bezempje*	'little broom'
arm	*armpje*	'little arm'
film	*filmpje*	'little film'

Most words which have a short vowel in the singular and a long
vowel in the plural also have this long vowel in the diminutive form:

glas,	*glazen*	*glaasje*	'little glass'
schip,	*schepen*	*scheepje*	'little ship'

2. Diminutives are very widely used by speakers of Dutch and
are a very important expressive feature of the language. To explain
this by saying that the Dutch have some fondness for the smallness
of things (which natives themselves will occasionally claim) would
be to miss the main point. Smallness pure and simple is indicated
by the adjective *klein*. The diminutive, on the other hand, might
best be called a 'personalizing' suffix which says nothing more than
that the user is adopting a certain attitude toward the thing. The
range of possible attitudes is wide and can be learned only with
some experience in listening and reading. Here are a few samples:

de zon gaat om vijf uur onder	the sun sets at five o'clock
't zonnetje schijnt	the sun is shining (and it's pleasantly warm)
de Nederlandse taal	the Dutch language
wat is dat voor een gek taaltje?	what kind of an odd lingo is that?
in Holland zie je veel koeien	in Holland you see a lot of cows
zie je al die koetjes?	do you see all those cows? (said to a child)

3. Very frequently the diminutive suffix serves an entirely different function, namely that of distinguishing between two separate

meanings or that of converting a word from another part of speech
into a noun:

lepel	'tablespoon'	*lepeltje*	'teaspoon'
scheermes	'razor'	*scheermesje*	'razor blade'
kwart	'fourth, quarter'	*kwartje*	'25-cent coin'
klein	'small'	*een kleintje*	'a little one'
toe	'in addition'	*toetje*	'dessert'
onder ons	'between us'	*onderonsje*	'tête-à-tête'

Vocabulary

bal, ball
het bier, beer
het biertje, glass of beer
het choco'laatje, piece of
   chocolate
dagelijks, daily
dol op, fond of
eventjes, a moment
het filmpje, roll of film
hap, bite
het kleintje, little one
koek, cake
melkboer, milkman
netjes, nice (proper)

om, (here) on
opdat, so that
het tijdje, short time
het uitstapje, pleasure trip
voetballen, to play soccer
vrijwel geen, hardly any
vuil, dirty
wegdoen (deed, gedaan), to get
   rid of
wisselen, to change
het woordje, little bit (of a
   language)
het zakje, bag
zakvol, pocketful

Idiomatic expressions

The adverb *toch* is highly idiomatic in its usage, often having no
exact equivalent in English. Usually *toch* indicates insistence or repetition and in some cases is equivalent to 'nevertheless' or 'anyhow'.
Guard against overuse of *toch* for mere emphasis, where *wel* is often
more appropriate. Note some examples of its use:

zij wisten het wel, en toch hebben zij er niets van gezegd	they knew it all right, and yet they said nothing about it
er komt toch zeker niemand meer, hè?	there is certainly nobody else coming, is there?
ik weet dat je het niet goed vindt, maar ik doe het toch!	I know you don't think it's right, but I'll do it anyhow!
zulke dingen doe jij zeker niet! Ja, toch wel.	certainly you don't do such things! Oh yes I do.
gaat u toch zitten!	go ahead, have a seat

Exercises

Form the diminutives of the following:

boek	brood	vogel	brief	doos	schoen	keuken
zon	boer	schip	boot	pan	vis	bal
fles	kamer	bloem	klok	glas	zoon	broer
deur	vrouw	fiets	stoel	huis	man	bezem

Translate into English:

38. 1. Ik vond een winkeltje op de hoek en belde hem op. 2. Een eindje voorbij ons huis kunt u zien waar zij aan 't bouwen zijn. 3. Ik heb alleen een briefje van tien gulden. 4. Dat kunt u zeker niet wisselen. Ja, toch wel. 5. Op dat tafeltje in de hoek staat een doos met lepeltjes. 6. Wij maken een uitstapje naar een van de stadjes in de buurt. 7. De kat heeft een belletje om, zodat de vogels haar horen. 8. Een tijdje geleden kon ik nog vrijwel geen Nederlands spreken. 9. De kinderen zijn altijd dol op snoepjes. Zullen we wat chocolaatjes meenemen? 10. Bij de melkboer nemen we dagelijks een grote fles en twee kleintjes. 11. Hij heeft een heel aardig vrouwtje, maar toch vind ik dat ze een beetje teveel praat. 12. Wij bleven een uurtje in het zonnetje zitten, omdat het van de week zo bewolkt is geweest. 13. Bij ons glaasje limonade hebben ze ons een schoteltje met koekjes gebracht. 14. Wat is dat voor een dingetje? Doe dat vuile doosje onmiddellijk weg! 15. Neem toch nog een stukje koek! 16. Wil je een filmpje voor me meebrengen? Ik wou wat foto's maken. 17. Wij hadden het eventjes over ons uitstapje. 18. De jongens voetballen in de straat met een klein balletje. 19. Willen jullie een hapje eten? Of zullen we in de stad gaan koffiedrinken? 20. Ik heb geen guldens, maar wel een zak vol kwartjes en dubbeltjes. 21. In de steden spreken veel mensen een woordje Engels, maar in de dorpjes spreken ze helemaal geen Engels. 22. Dat boek is niet van mij, maar ik ga het toch lezen. 23. Ik moet een nieuwe kam en wat scheermesjes kopen.

24 *The passive voice*

1. In a passive construction the subject of the sentence undergoes the action of the verb. Dutch expresses this relationship by the use of the verb *worden*, the independent meaning of which is 'to become', plus the past participle of the verb. The agent is indicated by *door* 'by':

ACTIVE

ik schrijf een brief	I write a letter
ik schreef een brief	I wrote a letter
ik zal een brief schrijven	I will write a letter

PASSIVE

de brief wordt (door mij) geschreven	the letter is written (by me)
de brief werd (door mij) geschreven	the letter was written (by me)
de brief zal (door mij) geschreven worden	the letter will be written (by me)

Although the perfect tense of *worden* in the meaning 'to become' is *is geworden*, the past participle of *worden* does not appear in the perfect tenses of a passive construction.

de brief is (door mij) geschreven	the letter has been written (by me)
het raam is pas gebroken	the window has just been broken
de jongens waren al geroepen	the boys had already been called

Notice that Dutch makes no distinction between the perfect tense of a passive action and a predicate adjective following a form of *zijn:*

het raam is pas gebroken	the window has just been broken
het raam is gebroken	{ the window has been broken { the window is broken
het raam is open	the window is open

2. Let us consider the Dutch passive constructions for a moment from the standpoint of English. The phrase 'the door is closed' can mean two things, each of which is expressed in a different way in Dutch. First, it can express the observation that someone is at the moment in the process of closing the door. In this case the passive is demanded in Dutch:

de deur wordt gesloten   the door is (being) closed

But it can also indicate simply that at the moment the door is in a state of being closed, which is not a passive:

de deur is gesloten   the door is closed

However, since in Dutch 'the door is closed' (state of being) amounts to the same as saying 'the door has been closed', this completed action is expressed in Dutch in the same way:

de deur is gesloten   { the door has been closed
                               { the door is closed

3. Passive sentences may be introduced by *er* and thereby given a generalized, non-specific meaning difficult to translate (Compare the generalizing function of *er* discussed in Chapter 22):

er werden veel ramen gebroken   many windows were broken (i.e., there were many windows which got broken, there was a lot of window-breaking)

compare:

veel ramen werden gebroken   many windows were broken (i.e., many of the windows got broken)

The passive voice introduced by *er* is also used without any grammatical subject; such a construction must be rendered in English by a paraphrase:

er wordt gezongen   there is singing
er werd veel gepraat   a lot of talking was done
er wordt (aan de deur) geklopt   there is a knock (at the door)

4. Just as in English we use 'one' or an impersonal 'you' instead of a passive construction, Dutch uses the words *men* or *je* and an

active construction. We have seen in Chapter 18 that *men* is the formal, written form, while *je* is the everyday spoken form:

dat doet men hier niet	one does not do that here
men zegt dat het waar is	they say it is true
je weet nooit wat het beste is	you never know what is the best
sigaretten kun je daar niet krijgen	you can't get cigarettes there

5. Dutch uses an infinitive preceded by *te* and a form of the verb *zijn* in a construction which must usually be rendered by a passive in English:

grote auto's zijn vaak niet te krijgen	big cars are often not to be had
dat bier was niet te drinken	that beer was not to be drunk (i.e., not drinkable)

Vocabulary

aan'zienlijk, considerable
afhalen, to pick up
het auto-ongeluk, automobile accident
bestellen, to order
droogleggen, to reclaim by draining
druk, busy
Duits, German
Duitsland, Germany
dwars door, straight across
Frankrijk, France
Frans, French
gewoon, just
impor'teren, to import
het kar'ton, cardboard
neerzetten, to place, establish
ontstaan (*ontstond, ontstaan*), to come into being
het pro'jekt, project
roepen (*riep, geroepen*), to call, shout

schaal, scale
tekenen, to sign
tele'foon, telephone
tenslotte, finally
tijdelijk, temporarily
veroveren op, to conquer from
vertonen, to show
verwachten, to expect
Vlaams, Flemish
vooral, above all
vrijkomen, to become available
vruchtbaar, fertile
weggeven (*gaf – gaven, gegeven*), to give away
weggooien, to throw away
wijn, wine
wonden, to injure
zaak, affair
zelden, seldom
zogenaamd, so-called

Idiomatic expressions

over 't algemeen	in general
het heeft geen zin om het te proberen	there's no sense trying it
hij is druk aan 't schrijven	he is busy writing
hij is er druk mee bezig	he's right in the middle of it
hij heeft het druk op kantoor	he is busy at the office
ontzettend veel	an awful lot (of)

Exercises

Change the following sentences to the passive, omitting the agent (e.g., *ik lees het boek – het boek wordt gelezen*):

zij schrijft de brief
zij heeft de brief geschreven
hij leest de krant niet
hij heeft de krant niet gelezen
het kind breekt het glas
heeft het kind het glas gebroken?
ze lezen de roman
ze hebben de roman gelezen
ze zullen de roman lezen

Translate into English:

39. 1. Worden de lessen allemaal goed geleerd? 2. Het water wordt door de molens uit de sloten en kanalen naar de rivieren gepompt. 3. Toen het licht uitgedraaid was, werd de film vertoond. 4. Zij werd aan de telefoon geroepen en kwam niet terug. 5. In Frankrijk wordt veel meer wijn gedronken dan hier. 6. Er wordt hier geen Frans gesproken. 7. Maar er wordt hier wel Duits gesproken. 8. Er wordt aan de deur geklopt. Wie is er? 9. Grote auto's zijn hier niet te krijgen. Het heeft geen zin om ze te zoeken. 10. De brief is door Frits getekend, maar ik zie dat hij door Anna geschreven is. 11. Wij zullen in Amsterdam door onze vrienden afgehaald worden. 12. Plotseling werd er veel lawaai gehoord, en onmiddellijk daarna werd er buiten geroepen. De hele zaak is nooit verklaard. 13. Er wordt in Amerika veel melk gedronken. 14. De melk wordt niet in flessen maar in karton verkocht. 15. Er gebeuren elk jaar veel auto-ongelukken op onze autowegen. 16. In Nederland wordt elk jaar ontzettend veel fruit geïmporteerd. 17. Ons bezoek aan Brussel moet even uitgesteld worden. 18. De twee mensen die bij het auto-ongeluk gewond werden zijn onmiddellijk naar het ziekenhuis gebracht. 19. In Vlaanderen worden Vlaamse en Nederlandse boeken gelezen. 20. De Afsluitdijk werd tussen 1927 en 1932 gebouwd. 21. Over 't algemeen wordt in die fabriek hard gewerkt. Zij hebben het op 't ogenblik bijzonder druk. 22. Hij is nog druk aan 't praten.

Translate into Dutch:

40. 1. Much more beer is drunk in Germany than here. 2. Can this suitcase be repaired here and picked up in The Hague? 3. This letter was not written by Kees. 4. Margarine is eaten here because butter is so expensive. 5. In the Netherlands a lot of Flemish novels are read. 6. This copy of the letter must be sent to my father and mother. 7. Haven't those books been found yet? 8. After everybody had looked for my scarf, it was finally found in the drawer. 9. You must do it. It is expected of you. 10. The water for many cities near the coast is pumped from the dunes. 11. This coat must be wrapped well, because it will be sent to the U.S. 12. Wine is sold in bottles, but milk is sold in cardboard. 13. Oranges must be imported from other countries. 14. Our clothes are seldom thrown away; they are usually given away. 15. In the IJsselmeer, dikes are

De Zuiderzee
in de Middeleeuwen

Het IJsselmeer
vandaag

bieng built on a large scale. 16. As (*zoals*) you know, they are being picked up at the station. 17. In general, such a trip can be made in a day and a half. 18. Only Dutch is spoken here. No German is spoken here.

Het IJsselmeer

In Nederland heeft men altijd vruchtbare grond voor de landbouw op de zee veroverd. Vooral sinds de Middeleeuwen zijn aanzienlijke stukken land drooggelegd.

In onze eigen dagen wordt dit op grote schaal in de Zuiderzee gedaan. Eerst moest er een zware dijk dwars door de zee gebouwd worden. In 1927 werd een begin gemaakt aan dit projekt, en in 1932 werd het laatste gat gesloten. Deze dijk wordt de Afsluitdijk genoemd. De Zuiderzee werd door de Afsluitdijk van de Noordzee gescheiden, en wordt nu het IJsselmeer genoemd.

In het IJsselmeer werden dijken gebouwd. Zo ontstonden polders, de zogenaamde IJsselmeerpolders. Het water werd uit de nieuwe polders gepompt. Toen kwam vruchtbare landbouwgrond vrij waar tenslotte nieuwe boerderijen neergezet werden.

25 Prinsjesdag

Ieder jaar op Prinsjesdag, de derde dinsdag in september, vindt in Nederland de opening van de Staten-Generaal plaats. Dit gebeurt in Den Haag, de zetel van de regering, in de oude middeleeuwse Ridderzaal op het Binnenhof. Nadat zij door de stad gereden is, komt de Koningin in de beroemde Gouden Koets op het Binnenhof aan. Zij wordt gevolgd door de leden van het Hof, een kleurige stoet in prachtige kostuums en uniformen. De ministers en andere leden van de regering komen per auto, en vele officieren in kleurige uniformen komen te paard. Geen wonder dat de mensen uren van tevoren in dichte rijen langs de route staan te wachten om deze prachtige stoet te zien. Op het Binnenhof zelf, op het open plein waarvan men in ieder boek over Nederland een foto kan zien, staan grote massa's mensen de hele morgen op de Koningin te wachten. In andere landen zouden de mensen misschien roepen als de Koningin voorbijrijdt of aan het Parlementsgebouw aankomt, maar dat is hier niet het geval. Alles gebeurt rustig en stil, en dat hoort ook zo.

In de Ridderzaal gekomen, neemt de Koningin plaats op de troon. Tegenover haar zitten de ministers, links en rechts de leden van de Eerste en Tweede Kamer. De zitting van de Staten-Generaal wordt nu door de Koningin geopend door het uitspreken van de Troonrede. In deze korte rede kondigt zij het programma van de regering voor het volgend jaar aan. De rede wordt door de mensen op het Binnenhof door luidsprekers en overal in Nederland door de radio en televisie gehoord. Aan het einde van haar rede verklaart zij de zitting van de Staten-Generaal voor* geopend, en

* *Omit in translation.*

nadat de voorzitter van de Eerste Kamer de woorden 'Leve de Koningin' uitgesproken heeft, is de eerste zitting van het nieuwe regeringsjaar afgelopen.

De Koningin en de zestien ministers vormen samen 'de Kroon'; de ministers worden door de Koningin benoemd en zijn verantwoordelijk aan de Staten-Generaal voor het regeren van het land. De Staten-Generaal bestaan uit twee kamers, de Eerste en de Tweede; deze vertegenwoordigen het volk en hebben samen met de Kroon de wetgevende macht. De Tweede Kamer bestaat uit honderdvijftig leden, die voor vier jaar worden gekozen. De leden van deze kamer worden door het volk gekozen. De Eerste Kamer bestaat uit vijfenzeventig leden, die voor zes jaar worden gekozen. Zij worden niet door het volk gekozen, maar door de Provinciale Staten. Nederland is verdeeld in elf provincies; het bestuur van de provincies wordt gevormd door de Provinciale Staten, de leden waarvan – evenals die van de Tweede Kamer – ook door het volk worden gekozen.

In de Staten-Generaal zijn de grote politieke partijen vertegenwoordigd. De verschillende partijen hebben in iedere kamer hun eigen zetels. Het aantal zetels dat iedere partij krijgt hangt af van het aantal stemmen dat deze partij in het hele land heeft verkregen.

Prinsjesdag heeft dus voor het hele Nederlandse volk niet alleen een grote politieke betekenis, maar is ook een symbool van de functie van Kroon en Staten-Generaal in het bestuur van het land.

Vocabulary

aankondigen, to announce
het aantal, number
afgelopen, ended
afhangen (hing, gehangen) van, to depend upon
benoemen, to appoint
het bestuur, administration
het Binnenhof, the 'Inner Court' in The Hague
dicht, close
evenals, just as
functie, function
gene'raal, general
het Hof, Court

kamer, (here) chamber
kiezen (koos, gekozen), to elect
kleurig, colorful
koets, coach
kort, short
het kos'tuum, costume
kroon, crown
leve, long live
het lid (plur. leden), member
luidspreker, loudspeaker
macht, power
massa, crowd
middeleeuws, medieval
mi'nister, minister

135

offi'cier, officer
opening, opening
te paard, on horseback
het parle'ment, parliament
par'tij, party
plaatsvinden (*vond, gevonden*), to take place
poli'tiek, political
Provinci'ale Staten, governing bodies of the provinces
rede, speech
Ridderzaal, the 'Knights' Hall', the parliament building
route [roo-te], route
rustig, calm
staat, state
stem, vote
stil, quiet
stoet, procession
het sym'bool, symbol

te'voren, previously
troon, throne
troonrede, the Queen's speech
uitspreken (*sprak – spraken, gesproken*), to pronounce
uni'form, uniform
verant'woordelijk, responsible
verdelen, to divide
verklaren, to declare
verkrijgen (*verkreeg, verkregen*), to obtain
vertegen'woordigen, to represent
voor'bijrijden (*reed, is gereden*), to ride by
voorzitter, chairman
wetgevend, legislative
het wonder, wonder
zetel, seat
zitting, session

Idiomatic expressions

wij hoorden de muziek door de radio — we heard the music on the radio

dat hangt ervan af, hoe laat hij komt — that depends on how late he comes

het hangt helemaal van u af — it depends entirely on you

dat hoort zo — that is the way it should be

de Koningin neemt plaats op de troon — the Queen takes a seat on the throne

26 Telling time

1. The Dutch method of reading the clock differs strikingly from the English. The principal reason for this is the fact that the half hour is treated as just as important a point in time as the hour itself: whereas in English the minutes are reckoned with relation to the hour, in Dutch they are reckoned with relation to both the hour and the half hour.*

2. The hour is expressed by the appropriate number followed by the word *uur*. The word *om* expresses 'at':

hoe laat is het?	what time is it?
het is één uur	it is one o'clock
het is nu drie uur	it is now three o'clock
om twaalf uur	at twelve o'clock
wij komen om acht uur	we are coming at eight o'clock

From a quarter to the hour until a quarter past the hour, the minutes are either before, *voor*, or after, *over*, the hour:

het is kwart voor een	it is a quarter to one
het is tien voor een	it is ten to one
het is vijf over een	it is five after one
het is kwart over een	it is a quarter after one

3. The half hour is expressed by the word *half* plus the COMING HOUR. The word *uur* is not expressed:

* An interesting concrete example of this habit is the fact that in the Netherlands the clocks in churches and town halls strike the hour, e.g. 5, both at the half-hour (4:30) and at the hour (5:00).

het is half twee	it is 1:30
het is nu half vijf	it is now 4:30
wij komen om half acht	we are coming at 7:30

A good way to remember this custom is to think of 'halfway towards two', and so on.

4. Between a quarter past the hour and a quarter to the next hour, not including the quarter hours themselves, the minutes are counted before and after the half hour:

het is tien voor half een	it is 12:20 (i.e., ten minutes before 12:30)
het is vijf voor half zeven	it is 6:25
om vijf over half acht	at 7:35 (i.e., five minutes past 7:30)
om tien over half elf	at 10:40

5. An approximate time can be expressed by *tegen* 'towards', *omstreeks* 'around', or *een uur of...*; this latter construction has been discussed in Chapter 12.

Wij komen tegen acht uur	we'll come towards eight
zullen we om een uur of acht komen?	shall we come about eight?
wij gaan om een uur of half zes eten	we're going to eat at about 5:30

6. Adverbs of time formed with *'s*, which we have seen in *'s avonds* and *'s middags*, are possible with parts of the day and the names of three of the days of the week:

's morgens ('s ochtends, 's middags, 's avonds, 's nachts) ben ik thuis	in the morning (in the afternoon, in the evening, at night) I am at home
's zondags, 's maandags, 's woensdags	on Sunday, on Monday, on Wednesday (i.e., every Sunday, Monday, Wednesday)
but: *dinsdags, donderdags, vrijdags, zaterdags*	on Tuesday, Thursday, Friday, Saturday

Vocabulary

achterlopen (liep, gelopen), to be slow	*bezet,* busy, occupied
bestellen, to deliver (mail)	*bladzijde,** page
	bus, bus

* *Bladzijde* has a more familiar spoken form *bladzij,* the plural of which is *bladzij's.*

donker, dark
draaien, to dial
duren, to last
eenmaal, once
zich haasten, to hurry up
halen, to catch (a train)
het hor'loge [-zhe], watch
kerkdienst, church service
het lo'ket, ticket window
morgenochtend, tomorrow morning
het nummer, number
ochtend, morning
'ondergaan (ging, is gegaan), to set (of the sun)
ophouden (hield, gehouden), to stop
het per'ron, platform
post, mail
postbode, mailman
schikken, to be convenient
het spitsuur, rush hour
het spoorboekje, book of railroad timetables
stoppen, to stop (of a vehicle)
thuiskomen (kwam – kwamen, is gekomen), to come home
vertrekken (vertrok, is vertrokken), to depart
voorlopen (liep, gelopen), to be fast
waarschuwen, to let know

Idiomatic expressions

wanneer is de film afgelopen?	when is the movie over? when will the movie be over?
hoe laat is het afgelopen?	what time is it over?
tot straks! tot ziens!	see you later! so long!
hier (daar) boven	up here (there)
hier (daar) beneden	down here (there)
hij gaat aan tafel zitten	he sits down at the table
gaat u zitten!	have a seat!
hij houdt niet op met drinken	he does not stop drinking
nu moet je ermee ophouden!	now you must stop it!
hij ging door met schrijven	he went on writing
zij gaat ermee door	she keeps right on
wij hebben nog maar tien minuten	we only have ten minutes left
zou het schikken als ik...	would it be convenient (all right) if I...

Exercises

Express the following times in Dutch:

12:00	12:05	2:30	2:45	8:10	8:15
8:29	7:35	10:40	1:50	4:45	4:30
2:20	2:55	5:25	5:31	6:45	6:28
2:00	9:26	11:59	12:30	12:55	9:40

Translate into English:

41. 1. 's Morgens om elf uur drinkt men in Nederland koffie.
2. Als u die brieven vanavond voor half acht naar de brievenbus
brengt, zullen ze morgenochtend om elf uur worden besteld. 3.
's Winters wordt het hier gewoonlijk om vijf uur donker. 4. Wij
krijgen onze post vroeger dan jullie. De postbode komt gewoonlijk
tegen elf uur 's morgens. 5. Ik zal je morgenochtend om tien over
half tien afhalen. 6. De volgende trein vertrekt om negen voor half
een, en komt om ongeveer vijf over een in Eindhoven aan. 7. Als je
een zee van auto's wilt zien, moet je om een uur of vijf in Amsterdam zijn! 8. Alle colleges aan de universiteit beginnen om kwart
over het uur en zijn na drie kwartier afgelopen. 9. Zij draaide het
nummer, maar het was bezet. 10. Je werd een kwartier geleden
door je moeder gebeld. 11. De trein komt om tien over half drie
aan het tweede perron aan. 12. Ik zou graag vanavond om een uur
of half acht bij u langs komen. Zou dat schikken? 13. Prachtig. Wij
komen 's avonds om ongeveer half zes thuis, wij eten om half zeven
en zijn klaar om kwart over zeven. En wij gaan pas om elf uur naar
bed. 14. Dus wij zien elkaar om half acht weer, afgesproken? Tot
straks! 15. Ik moet mijn horloge vanmiddag voor half zes terug
hebben. Wilt u me waarschuwen als u het gerepareerd hebt? 16.
Zij hield pas om vier uur op met zwemmen. En vanavond wil zij
ermee doorgaan! 17. Het verkeer is erg druk, want wij zijn net in
het spitsuur gekomen.

Translate into Dutch:

42. 1. If this train leaves at ten after seven, when will it arrive
(then) in Breda? 2. At five o'clock it is really dangerous in the big
cities, because there are so many cars. 3. On Sundays our church
service begins at ten o'clock, and is over at about a quarter after
eleven. 4. Did you call me up three hours ago? I was not at home,
because I had an appointment at three-thirty. 5. We get up at
eight o'clock, take the bus that leaves at eight thirty-one, and
arrive just (*even*) before nine o'clock. 6. If we miss that bus we
have to wait, because the next one leaves at ten to nine. 7. Would it
suit you if I dropped by this evening at about eight? 8. Certainly.
In the evenings we come home at six o'clock. Saturdays we come
home even earlier. 9. In the summer the sun sets at eight o'clock,
but in the winter it sets much earlier. 10. In Holland we drink
coffee at eleven in the morning, and tea at three or four in the

afternoon. 11. We expect him at a quarter after four at the station. 12. The train will arrive at 6:22 at platform three. 13. The girl at the window says that this train stops in Alphen at 3:05. 14. Good. Then we can be in Alphen in fifteen minutes. 15. Do I have time to read a few pages of the paper? 16. Miss, is the concert over before ten o'clock? 17. No sir, the concerts are usually over at about ten-thirty, and yesterday evening the concert lasted until a quarter after eleven. 18. I can't be ready before two o'clock. I'll let you know when I'm ready. 19. If you want to call me tomorrow, you can dial 18 23 84.

43. – Hoe laat moeten we in Amsterdam zijn?

– *We zullen er om ongeveer half acht moeten zijn, want het concert begint om acht uur.*

– En hoe laat vertrekt onze trein?

– *Even kijken. Om achttien tweeëntwintig.*

– Wat zegt u? Dat heb ik niet goed begrepen.

– *Ik zei achttien tweeëntwintig – zo staat het hier in het spoorboekje. Dat betekent tweeëntwintig minuten over zes, of acht minuten voor half zeven.*

– Dan komen wij om vijf voor half acht in Amsterdam aan. En hoe laat is het concert afgelopen?

– *O, zeker niet later dan elf uur. Er vertrekt een trein om 23.20 uit Amsterdam, dat wil zeggen om tien voor half twaalf.*

– En het is nu precies kwart over zes, dus we hebben nog zeven minuten.

– *Neem me niet kwalijk, maar uw horloge loopt achter. Kijk eens op die klok daar boven!*

– Het is al tien voor half zeven, we hebben nog maar twee minuten. We moeten ons haasten! Kunnen we de trein nog halen?

– *Ik zou hem niet willen missen. Ik zal even gaan vragen. (Aan het loket) Pardon, weet u ook of de trein naar Amsterdam om acht voor half zeven vertrekt?*

– *Ja meneer, maar vanavond is hij te laat.*

– *Wanneer komt hij aan?*

– *Ik denk over tien minuten, meneer, dus pas om half zeven.*

– *Dan hebben we tijd genoeg. Dank u wel.*

27 Idiomatic usages of some common verbs

1. Dutch makes a great many ASPECTUAL distinctions, by which we mean the expression of the type of an action or the way it is carried out. The few most important of these are

The beginning of an action, using an appropriate form of *gaan:*

hij gaat aan tafel zitten	he sits down at the table
ik ging maar weer liggen	I just lay down again
nu is zij weer gaan huilen	now she's started crying again

Continuation is expressed by *blijven:*

dat kind blijft huilen	that child keeps on crying
hij is gewoon blijven zingen	he simply continued singing

An action in progress is expressed by *aan 't ...... zijn* or *bezig zijn te ......;* note, however, that this is not appropriate in every case in which we would use a progressive ('is ...ing') in English, and that the Dutch simple verb form is also equivalent to the English progressive:

hij is aan 't schrijven	he is writing
hij is bezig te schrijven	
zij is de ramen aan 't wassen	she is washing the windows
but:	
hij komt; je jas hangt in de kast	he is coming; your coat is hanging in the closet

2. Dutch very frequently uses the verbs *liggen, zitten* and *staan* to express a progressive idea, where English would use simply a form of 'to be' in most cases (look back at Chapter 17):

de hond ligt te slapen	the dog is sleeping
mijn broer zit op 't ogenblik in Rotterdam	my brother is in Rotterdam at the moment
hij zit in de woonkamer te lezen	he is in the living room reading
het staat in de krant	it is in the newspaper
wij stonden een uurtje te praten	we stood talking an hour or so
wij hebben een tijdje staan praten	we stood talking a little while

3. The instances in which two Dutch verbs are both translated in English by the same verb are particularly troublesome, since here just as in the case of any other parts of speech we must train ourselves to recognize distinctions that are not made in our own language. First let us review a few of these:

Kennen and *weten*: 'to know'. *Kennen* means 'to be acquainted with' a person or thing or to have acquired knowledge, whereas *weten* means 'to know' a fact.

ik ken hem niet zo goed	I do not know him very well
na een jaar zult u goed Nederlands kennen	after a year you will know Dutch well
ik weet dat het waar is	I know it is true
hij wist het adres niet meer	he did not know the address any more

Leven and *wonen*: 'to live'. *Leven* is 'to live' in the sense of 'to be alive, exist', but *wonen* is 'to dwell'.

| *mijn vader leefde heel eenvoudig* | my father lived very simply |
| *hij woonde in Hoorn* | he lived in Hoorn |

Verstaan and *begrijpen*: 'to understand'. *Verstaan* means 'to understand' words spoken, whereas *begrijpen* means 'to comprehend' an idea.

verstaat u wat ik zeg?	do you understand what I am saying?
ik heb u niet goed verstaan	I did not understand you very well
begrijpt u wat ik bedoel?	do you understand what I mean?

Betekenen and *bedoelen*: 'to mean'. *Betekenen* is 'to mean' referring to the significance of an object, expression or event, but *bedoelen* is 'to mean' referring to the intention of a person:

| *wat betekent het woord 'jas'?* | what does the word 'jas' mean? |

als hij niet komt, betekent dat dat hij ziek is	if he does not come, that means he is ill
wat bedoelt u, dat hij in bed ligt?	what do you mean, that he is in bed?
nee, ik bedoel...	no, I mean...

Onthouden and *zich herinneren:* 'to remember'. *Onthouden* is 'to remember' in the sense of retaining in memory, whereas *zich herinneren* is 'to remember' in the sense of recollecting.

wat ik u net verteld heb moet u goed onthouden	what I have just told you you must remember well
ik herinner me nu, waar ik hem vroeger gezien heb	I remember now where I have seen him before

4. Observe carefully the idiomatic uses of a few other verbs: *Vallen* 'to fall' is used in a variety of meanings which are not equivalent to 'fall' in English.

mag ik u even lastig vallen?	may I bother you a moment?
er valt niets van te zeggen	nothing can be said about it

Opvallen means 'to be striking, conspicuous'.

het viel me op, dat hij niet gekomen was	I was struck by the fact that he had not come
hij is een opvallend lange man	he is a conspicuously tall man
een buitenlands accent valt onmiddellijk op	a foreign accent is noticeable immediately

Meevallen and *tegenvallen* have no exact equivalents in English. *Meevallen* means something like 'to turn out better than expected', and *tegenvallen* 'to prove disappointing, turn out poorly, be worse than expected'.

drie maanden geleden kon ik geen Nederlands spreken maar nu valt het wel mee	three months ago I couldn't speak any Dutch, but now it's going better (now it's easier)
het werk viel niet mee	the work was worse (than I'd expected)
het weer viel hem mee	the weather was not so bad after all (he thought)
ik hoopte te komen, maar dat viel tegen	I hoped to come, but that didn't work out

het weer viel erg tegen	the weather turned out to be terrible
trouwens de hele reis is ons tegen-gevallen	in fact, the whole trip was disappointing

Hebben 'to have' we have seen in many expressions:

ik heb honger (dorst, slaap)	I am hungry (thirsty, sleepy)
hij heeft het warm (koud)	he is hot (cold)
je hebt gelijk	you are right
ik heb het druk	I am busy
zij hebben het over zaken	they are talking about business
ik heb zin in een kopje koffie	I'd like to have a cup of coffee
dat heeft geen zin	ther's no use doing that
deze mooie das heb ik van mijn vrouw	this handsome tie I got from my wife
de hoeveelste hebben we vandaag?	what is the date today?
ik heb het half vijf	I have 4:30

Such lists of unpredictable meanings of common words could be multiplied almost without end. Everyday words like *zitten, hebben, doen* are as puzzling to an outsider as our common 'put', 'get' and 'do' are to speakers of other languages. This is why it is a waste of time to consult a dictionary that does not properly illustrate a variety of typical meanings of such words in context.

Vocabulary

a'part, separate
het ar'tikel, article
bezetten, to occupy
bezitten (bezat – bezaten, bezeten), to possess
het bezwaar, objection
bijwonen, to attend
bij'zonder, special
boven'dien, besides
het buitenland, abroad (i.e., any country but Holland)
enig, only
flat [flet], apartment
het gebruik, use
gelukkig, fortunate

gewoonlijk, usually
groeien, to grow
heus, really
jam [shem], jam
het landschap, landscape
onlangs, not long ago
het ontbijt, breakfast
peper, pepper
plaats, (here) seat
het potlood, pencil
redden, to save, manage
stampvol, chock full
wereld, world
het zout, salt

Idiomatic expressions

de laatste tijd	recently
hij is een flinke man	he is quite a man
flink schudden	shake well
het is flink koud geworden, vind je niet?	it's gotten pretty cold, hasn't it?
nou, en of! nou!	and how!
bij het ontbijt drinken we geen thee	at breakfast we don't drink any tea
ik ga met vacantie naar het buitenland	on vacation I'm going abroad (i.e., to any country outside of Holland)
heeft hij alles voor elkaar gekregen?	has he gotten everything taken care of?

Exercises

Supply the proper form of the appropriate verb:

kennen or *weten:*	Ik ...... mijn les goed
	Ik ...... niet waar hij is
	...... u zijn naam?
	...... u hem niet?
leven or *wonen:*	waar ...... u?
	hij ...... lang geleden
	wij ...... tien jaar in Zaandam
betekenen or *bedoelen:*	wat ...... dat woord?
	wat ...... u daarmee?
	dat ...... niets
	dat bord daar ...... 'Verboden'
verstaan or *begrijpen:*	...... u wat ik zeg?
	u moet langzamer spreken, ik ...... u niet
	ik ...... niet waar u het over hebt

Translate into English:

44. 1. Ik kan al vrij goed Nederlands lezen. 2. Heus? Dus het is je niet tegengevallen. 3. Wij proberen Nederlands te leren, maar wij kennen de taal nog niet goed. 4. Het gebruik van de woorden is vaak heel anders dan in 't Engels. 5. Mijn broer, die leraar is, zit sinds vorig jaar aan een school in Alkmaar. 6. Wie was die kerel met wie je voor het stadhuis stond te praten? 7. Ik heb hem onlangs in Amsterdam gezien. 8. Voordat wij eten, zit ik gewoonlijk in de woonkamer mijn krant te lezen. 9. Heb je zin in een boterham? Nou, en of! Ik heb honger. 10. Zij had het over haar kinderen, geloof ik. 11. Er vindt aanstaande zondag een bijzondere kerkdienst plaats, die ik graag zou willen bijwonen. 12. De trein is stampvol en alle plaatsen zijn bezet. 13. Ik vind hem een vervelend iemand, want hij herhaalt alles wat hij zegt. 14. Ik houd erg veel van brood met jam. Ik vind brood met jam erg lekker. Ik ben er eenvoudig dol op. 15. Mag ik u even lastig vallen? Ik zou heel graag een vraag willen stellen. 16. Dit is de enige regenjas die ik bezit. 17. Mijn man heeft veel van de wereld gezien, maar ik ben nooit in het buitenland geweest. 18. Bij het ontbijt eet men in Holland gewoonlijk brood met kaas, vlees of jam. 19. Een paar maanden geleden kon ik geen woord Nederlands verstaan, maar in de laatste tijd is het gemakkelijker geworden. 20. Er groeit veel gras langs de sloten. 21. Typisch voor het Hollandse landschap zijn de sloten en het gras. 22. Wij bewaren het zout en de peper in de kast. 23. Hij heeft dat alles in één dag voor elkaar gekregen? Hij is een flinke kerel. 24. En bovendien heeft hij het altijd druk met zijn werk. Gelukkig dat hij zo gezond is. 25. Ik heb er geen bezwaar tegen, als u de kranten apart wilt sturen. 26. De kranten moeten naar het buitenland worden gestuurd. 27. Hoe redden jullie dat in zo'n kleine flat? O, dat valt wel mee.

Translate into Dutch:

45. 1. You are not looking well today. 2. No, I have been ill a few times recently, and a few days ago I caught a cold. 3. I did not understand you. Will you repeat that, please? 4. Certainly. I said 'all the seats are taken, and we'll have to stand till Delft'. 5. There is an interesting article in the paper about landscapes. 6. How do they manage without a car? 7. We have no cheese for your bread, but you may have jam if you want. 8. Did you know that that young teacher you met in Wageningen has gone to the U.S.? 9. The restaurant is chock full. That's a little disappointing. 10. Where do you keep your pencils? That one on the table is the only one I have. 11. It is annoying when (*als*) there is never a pencil to be found. 12. I have to bother you a moment, because I don't know where the salt and pepper are. 13. We sat talking a little while. 14. It is noticeable that he is always out of the country. 15. What does that word 'bezet' mean? I can't remember.

28 Word formation and derivation

1. As we have seen in the Introduction, many pairs of words like Dutch *boter* and English **butter**, Dutch *nieuw* and English **new** show us that the two languages are closely related, even though with the passage of time great differences have arisen between them. One of the major differences between the vocabularies of English and Dutch is the fact that English has absorbed many more Latin and French words than has Dutch – compare **education**, **government**, **exhibition** with *onderwijs*, *regering*, *tentoonstelling* – but a more important difference is the fact that Dutch derives and compounds new words from native Dutch elements whereas English habitually uses a Latin or French word. We cannot speak of a **'word-book'** but must use **dictionary**, and we do not use **'pig meat'** but **pork.** Dutch can and does do just this, with innumerable compounds like *woordenboek* and *varkensvlees*. The fact that large numbers of Dutch words are rather transparently built up from two or more smaller words or derived from another part of speech simplifies the recognition and learning of them, once one has some familiarity with the basic rules of word formation and derivation.

2. Nouns can be compounded from the stem of a verb, an adjective, adverb or preposition, but most frequently they are simply two or more nouns joined into one word. The basic element of such a word is always the last one, and hence the gender of a compound is always decided by the last element. The stress is regularly on the first element, though there are a few exceptions which we will mark with a stress sign. Following are some examples of compounds:

slaap-	'sleep'	*kamer*	'room'	*slaapkamer*	'bedroom'
woon-	'live'	*kamer*	'room'	*woonkamer*	'living room'

ziek	'sick'	*het huis*	'house'	*het ziekenhuis*	'hospital'
buiten	'outside'	*het land*	'country'	*het buitenland*	'abroad'
voor	'in front of'	*kant*	'side'	*voorkant*	'front'
achter	'in back of'	*kant*	'side'	*achterkant*	'back'
brief	'letter'	*bus*	'box'	*brievenbus*	'mailbox'
het hoofd	'head'	*stad*	'city'	*hoofdstad*	'capital'
hand	'hand'	*schoen*	'shoe'	*handschoen*	'glove'
het verkeer	'traffic'	*het licht*	'light'	*het verkeerslicht*	'traffic light'
stand	'stand'	*beeld*	'image'	*het standbeeld*	'statue'
stad	'city'	*het huis*	'house'	*het stad'huis*	'city hall'
het stad'huis	'city hall'	*toren*	'tower'	*stad'huistoren*	'city hall tower'

3. Many nouns, adjectives and verbs are formed by the addition of a suffix to another part of speech; we have already seen the great numbers of new nouns that can be formed by the addition of the diminutive suffix *-je*. Some other important suffixes are:

(a) Nouns are formed from verbs by the addition of *-ing*, usually indicating the result of an action.

ervaren	'to experience'	*ervaring*	'experience'
bewegen	'to move'	*beweging*	'motion, movement'
regeren	'to rule'	*regering*	'government'
uitdrukken	'to express'	*uitdrukking*	'expression'
verwarmen	'to heat'	*verwarming*	'heating'

(b) Abstract nouns are formed from adjectives or nouns by the suffix *-heid*, the plural of which is *-heden*.

waar	'true'	*waarheid*	'truth'
eenzaam	'lonely'	*eenzaamheid*	'loneliness'
een	'one'	*eenheid*	'unit(y)'
mogelijk	'possible'	*mogelijkheid*	'possibility'
schoon	'beautiful' *	*schoonheid*	'beauty'

(c) Agent nouns are formed by the addition of *-er* (*-der* when the stem ends in *r*), occasionally *-aar*.

schrijven	'to write'	*schrijver*	'writer'
huren	'to rent'	*huurder*	'tenant'
bakken	'to bake'	*bakker*	'baker, breadman'
leren	'to teach, learn'	*leraar*	'teacher'
handelen	'to deal'	*handelaar*	'dealer'

* Poetically *schoon* means 'beautiful', but its common meaning is now 'clean'.

149

(d) Many verbs are formed from nouns with the addition of the infinitive ending *-en*.

fiets	'bicycle'	*fietsen*	'to cycle'
het antwoord	'answer'	*antwoorden*	'to answer'
bel	'bell'	*bellen*	'to ring' (a doorbell)
groet	'greeting'	*groeten*	'to greet'
tennis	'tennis'	*tennissen*	'to play tennis'

(e) Adjectives are derived from nouns and other parts of speech by *-ig* and *-lijk*.

het geluk	'fortune'	*gelukkig*	'fortunate'
last	'load'	*lastig*	'bothersome'
nood	'need'	*nodig*	'necessary'
voor	'before, in front of'	*vorig*	'previous'
het einde	'end'	*eindelijk*	'finally'
het gevaar	'danger'	*gevaarlijk*	'dangerous'
persoon	'person'	*persoonlijk*	'personal'
vriend	'friend'	*vriendelijk*	'kind'
vrouw	'woman'	*vrouwelijk*	'feminine'

Vocabulary

achterdeur, back door
daar...heen, there (direction)
eetkamer, dining room
het gevaar, danger
glimlachen, to smile
het ijs, ice cream
instappen, to get in
koppig, stubborn
krom, crooked
licht, light
luchtpost, air mail
moeilijkheid, difficulty
Nederlander, Dutchman, (plur.) Dutch
onbeweeglijk, motionless
opmerking, remark

paars, purple
het platte'land, country (as opposed to city)
poes, cat
po'litie, police
het po'litiebureau, police station
raar, odd, funny
slagroom, whipped cream
slecht, poor, bad
uitstappen, to get out
verkoopster, saleslady
voorgevel, façade
vorm, form
het warenhuis, department store
zijkant, side

Idiomatic expressions

aan de voorkant, aan de achterkant	in front, in back
tot uw dienst	you're welcome! (for a service performed)
niets te danken!	you're welcome! (for something given)
die hoed staat je goed	{ that hat looks good on you { you look good in that hat
deze jas staat me erg raar	I look awfully funny in this coat

Translate into English:

46. 1. De voorgevel is de voorkant van een huis. De voorgevels van sommige oude huizen in de steden zijn bijzonder mooi. 2. Als u postzegels en luchtpostbladen nodig hebt, kan ik ze voor u halen, omdat ik toch naar het postkantoor moet. 3. Hij maakte allerlei opmerkingen, maar wij hebben eenvoudig niet naar hem geluisterd. 4. Het politiebureau is twee straten verder, aan de linker kant van de straat. 5. Er is nog een mogelijkheid dat we naar Scheveningen kunnen gaan voor het concert, maar er zijn moeilijkheden. 6. Ik ga naar een andere kapper. Mijn kapper knipt de zijkanten te kort en laat de achterkant te lang. 7. Als je wilt weten hoe laat het is terwijl je in de stad bent, kijk dan naar de klok op de stadhuistoren. 8. Gelukkig zal het niet nodig zijn om daar in de regen heen te rijden. 9. Wij zouden graag in de stad wonen, maar het enige huis dat we konden vinden staat op het platteland. 10. Vind je dat donkerblauw me goed staat? Ja, maar een lichtere kleur staat je veel beter. 11. De poes zit onbeweeglijk voor het raam. 12. Zijn onbeweeglijkheid doet me altijd glimlachen. 13. Hij is altijd al koppig geweest. Zijn koppigheid valt me erg tegen. 14. Bij de bushalte voor het station stap je in, en aan de vierde halte moet je uitstappen.

Translate into Dutch:

47. 1. Red, yellow, blue, purple, brown and green are colors. Light blue, dark brown and dark purple are also colors. But black, white and gray are not (*geen*) colors. 2. The Dutch eat a lot of whipped cream: on pudding, ice cream and in coffee. 3. May I have the pen back immediately when you are through with it? 4. 'Tot uw dienst' is an expression that I have never heard. What does it mean? 5. You say 'tot uw dienst' or 'niets te danken', when somebody thanks you for something. 6. The capital of the Netherlands is Amsterdam, but the ministries are in The Hague. 7. Our house has a living room, dining room, kitchen, two bedrooms and a bathroom. 8. There are three large windows in front, and a back door and two smaller windows in back. 9. The heating is poor, but we get the sun in front. 10. I read that paper every day, but it does not always give you the truth. 11. The saleslady in the department store who sold me this paper was very nice. 12. I wanted white or light grey paper, but she only had this light blue stationery with the envelopes. 13. In the Netherlands you see a lot of traffic lights. It is dangerous since there are so many cars, and many streets are narrow and crooked. 14. The dog is motionless, because he is sleeping. 15. She smiled when I said it was dangerous.

29 Reading

The following delightful little story first appeared as a column in an Utrecht daily newspaper, and is reprinted here unchanged by permission of Uitgeverij Kosmos, Amsterdam.

You should not find it too difficult at this point to read a sample of ordinary Dutch prose not prepared especially for an introduction into the language. Make use of the notes and vocabulary following the story, but try to guess at the meaning of as much as you can. All words are to be found in the general vocabulary at the end of the book, but this vocabulary lists only words that have not already occurred and whose meanings are not readily guessed.

In this story the writer, who enjoys the private game of making up stories to go with faces she sees, finds herself inventing a personality for a girl she observes while waiting for a train, and describes her satisfaction at getting a chance to see whether she was right or not.

Gezichten

door Clare Lennart

Verhalen bedenken[1] bij gezichten is een spelletje, dat ik van jongs af[2] graag heb gespeeld. Er zijn natuurlijk gezichten, die niet anders te vertellen hebben dan dat de mensen, die ze mee door het leven dragen, aan een eigen geschiedenis[3] nauwelijks zijn toegekomen. Ze hebben alleen maar gladjes, rustigjes, braafjes,[4] volgens algemeen gangbare patronen geleefd. Maar veel gezichten zijn duidelijk door ervaringen en emoties getekend.

Zonder moeite lees je[5] er[6] de verhalen van haat,[7] liefde, wrok, zachtzinnigheid, onnozelheid, verdriet, eenzaamheid, koppigheid, originaliteit en vele andere menselijke hartstochten en hebbelijkheden van af. Ik win nooit iets bij wedstrijden, maar als men ooit op het idee zou komen een wedstrijd uit te schrijven in het bedenken van een passend verhaal bij een gezicht, zou ik misschien wel een kansje hebben. Als je dit spel zomaar voor jezelf speelt is het natuurlijk bijna nooit mogelijk te controleren of er van al je bedenksels iets klopt. De mensen gaan langs je heen, 'ships that pass' in de nacht zowel als overdag. Ze zitten met je in een treincoupé of in een restaurant, je staat enkele minuten met ze bij een bushalte of je passeert ze op straat, ze spelen mee in een orkest, in een strijkje of treden op als solist. Ik heb zelfs wel eens een verhaal bedacht bij een gezicht van iemand, die alleen maar als figurant optrad in een film. Een enkele maal evenwel is het mogelijk je fantasie-spinsels aan de werkelijkheid te toetsen en het geeft dan altijd een gevoel van voldoening als blijkt, dat je goed hebt geraden.

Dezer dagen overkwam mij dat. Ik was als gewoonlijk weer te vroeg aan het station. Het was smoorheet en ik ging op een van de banken op het perron zitten om te wachten tot mijn trein zou komen. Na enkele minuten nam een meisje van omstreeks 20 jaar naast mij plaats en mijn eerste gedachte was: wat gek, ze is uitgesproken lelijk en toch heeft ze de allure, het onbekommerde en zelfverzekerde van een mooi of in ieder geval aantrekkelijk meisje.

Mijn buurvrouw op de bank was van het 'grofbotterige' type, meer dan normaal lang, met een dikke bos slordig geknipt stroblond haar. Ze had mooie diepblauwe ogen met lange wimpers, maar het effect daarvan ging verloren door een[8] grote, hoge, het smalle gezicht dominerende neus. Echt wel een uiterlijk om je als meisje zorgen over te maken![9] Zij scheen dat evenwel absoluut niet te doen. Achterover geleund, geheel ontspannen, de lange, overigens goed gevormde benen ver vooruit, zat ze op de bank. Ze streek niet een keer over haar ruige haardos, ze scheen zich niet bewust te zijn van haar omgeving, zich er[10] totaal niet om te bekommeren wat de mensen van haar dachten. Om haar mond lag een glimlach en haar ogen keken over[11] de vakantiebedrijvigheid op het perron heen in een ver verschiet. Ik dacht: een van de twee, òf ze kan iets uitzonderlijk goed, zodat ze niet mooi hoeft te zijn – zwemmen b.v. of hockey – òf iemand is heel erg verliefd op haar.

Toen aan het begin van het perron een trein binnenliep – niet de mijne – stond ze op en liep met lange passen de stroom reizigers, die was uitgestapt, tegemoet. Ik kon haar gestalte gemakkelijk volgen met mijn blik. Ik zag haar een arm opheffen en zwaaien en een ogenblik later hield een man haar in zijn armen. Verzonken in een lange kus, verstilden ze, stolden ze als het ware tot onbeweeglijkheid midden in de stroom van reizigers, die zich splitste en om[12] het liefdespaar heenboog als was het[13] een standbeeld.

Zij kwamen pas weer in beweging toen alle reizigers verdwenen waren. Ik zag ze, vast omstrengeld, langs mijn bank komen. Hij leek een doodgewone man, heel wat ouder dan zij en iets kleiner. Maar zij liepen licht en zeker, geleund in elkaars omhelzing en met de verrukkelijke eensgezindheid, die de verliefdheid schept.

Notes

1 *Verhalen bedenken* thinking up stories
2 *van jongs af* since childhood
3 *een eigen geschiedenis* a history of their own
4 *gladjes, rustigjes, braafjes* smoothly, calmly, respectably
5 *lees je ...... af: aflezen* to read
6 *er ...... van = van de gezichten*
7 *haat, liefde, wrok, zachtzinnigheid, onnozelheid, verdriet ......* hate, love, resentment, gentleness, innocence, grief ......
8 *ging verloren door een ...... neus* was spoiled by a ...... nose that dominated ......
9 *om je als meisje zorgen over te maken* for a girl to worry about
10 *er ...... om = wat de mensen* etc.
11 *over ...... heen* over (direction)
12 *om ...... heen* around (direction)
13 *als was het* as if it were

Vocabulary

achter'over, back(wards)
algemeen, general
al'lure, air
bank, bench
bedenken, to think up
het bedenksel, something thought up
bedrijvigheid, bustle
bekommeren (zich) om, to be concerned about
bewust, conscious

blik, glance
bos, (here) crop
bushalte, bus stop
contro'leren, to check
echt wel, really
eensgezindheid, unanimity
een enkele maal, once in a while
even'wel, however
het fantasie-spinsel, thing spun by imagination
figu'rant, bit player

gangbaar, accepted
gestalte, form
grof'botterig, rawboned
haardos, head of hair
hartstocht, passion
hebbelijkheid, peculiarity
kloppen, to be correct
kus, kiss
lelijk, ugly
leunen, to lean
mee, along with them
nauwelijks, scarcely
om'geving, surroundings
om'helzing, embrace
om'strengelen, to entwine
onbekommerd, carefree
ontspannen, relaxed
opheffen, to raise
optreden, to appear (at a performance)
overigens, by the way
over'komen, to happen to
pas, step
passend, suitable
het pa'troon, pattern
raden, to guess
reiziger, traveler
ruig, rough, shaggy
scheppen, to create
slordig, sloppy

het spel, game
splitsen, to split
stollen, to congeal
strijken, to rub
het strijkje, string ensemble
het stro, straw
stroom, stream
tege'moet, towards
tekenen, (here) to mark
toekomen aan, to acquire
toetsen, to test
het uiterlijk, exterior
uitgesproken, decidedly
uitschrijven, to announce (a competition)
uit'zonderlijk, exceptionally
vast, firm
het verdriet, grief
verliefd op, in love with
verrukkelijk, delightful
het verschiet, distance
verstillen, to become still
voldoening, satisfaction
vooruit, out in front
wedstrijd, competition
wimper, eyelash
zelfverzekerd, self-assured
zomaar, just
zwaaien, to wave

Appendix A

The word is *before the past participle indicates that* zijn *is used in the perfect tenses rather than* hebben: *The word* is *in parentheses indicates that* zijn *is used in the perfect tenses when destination is specified (see Chapter 14:4) or when used intransitively.*

1				
	bijten	beet, beten	gebeten	to bite
	blijven	bleef, bleven	is gebleven	to stay
	glijden	gleed, gleden	is gegleden	to slide
	kijken	keek, keken	gekeken	to look
	krijgen	kreeg, kregen	gekregen	to get
	lijken	leek, leken	geleken	to look like
	rijden	reed, reden	(is) gereden	to ride
	rijzen	rees, rezen	is gerezen	to rise
	schijnen	scheen, schenen	geschenen	to appear, shine
	schrijven	schreef, schreven	geschreven	to write
	snijden	sneed, sneden	gesneden	to cut
	stijgen	steeg, stegen	is gestegen	to rise
	verdwijnen	verdween, verdwenen	is verdwenen	to disappear
	vermijden	vermeed, vermeden	vermeden	to avoid
	wijzen	wees, wezen	gewezen	to point out
	zwijgen	zweeg, zwegen	gezwegen	to be silent
2a	bieden	bood, boden	geboden	to offer
	gieten	goot, goten	gegoten	to pour, cast
	kiezen	koos, kozen	gekozen	to choose
	schieten	schoot, schoten	geschoten	to shoot
	verliezen	verloor, verloren	verloren	to lose
	vliegen	vloog, vlogen	(is) gevlogen	to fly
	vriezen	vroor, vroren	gevroren	to freeze
	verbieden	verbood, verboden	verboden	to forbid
2b	buigen	boog, bogen	gebogen	to bend

druipen	droop, dropen	gedropen	to drip
fluiten	floot, floten	gefloten	to whistle
kruipen	kroop, kropen	(is) gekropen	to crawl
ruiken	rook, roken	geroken	to smell
schuiven	schoof, schoven	geschoven	to push
sluiten	sloot, sloten	gesloten	to close

3a	binden	bond, bonden	gebonden	to tie
	drinken	dronk, dronken	gedronken	to drink
	beginnen	begon, begonnen	is begonnen	to begin
	klinken	klonk, klonken	geklonken	to sound
	krimpen	kromp, krompen	is gekrompen	to shrink
	springen	sprong, sprongen	(is) gesprongen	to jump
	vinden	vond, vonden	gevonden	to find
	winnen	won, wonnen	gewonnen	to win
	zingen	zong, zongen	gezongen	to sing
	zinken	zonk, zonken	is gezonken	to sink

3b	gelden	gold, golden	gegolden	to be valid
	schenken	schonk, schonken	geschonken	to give, pour
	trekken	trok, trokken	getrokken	to pull
	zenden	zond, zonden	gezonden	to send
	zwemmen	zwom, zwommen	(is) gezwommen	to swim

4	nemen	nam, namen	genomen	to take
	breken	brak, braken	(is) gebroken	to break
	komen	kwam, kwamen	is gekomen	to come
	spreken	sprak, spraken	gesproken	to speak
	stelen	stal, stalen	gestolen	to steal

5a	geven	gaf, gaven	gegeven	to give
	eten	at, aten	gegeten	to eat
	lezen	las, lazen	gelezen	to read
	treden	trad, traden	is getreden	to step
	vergeten	vergat, vergaten	(is) vergeten	to forget

5b	bidden	bad, baden	gebeden	to pray
	liggen	lag, lagen	gelegen	to lie
	zitten	zat, zaten	gezeten	to sit

6a	blazen	blies, bliezen	geblazen	to blow (breath)
	houden	hield, hielden	gehouden	to hold
	laten	liet, lieten	gelaten	to let
	lopen	liep, liepen	(is) gelopen	to walk, run
	roepen	riep, riepen	geroepen	to call
	slapen	sliep, sliepen	geslapen	to sleep
	vallen	viel, vielen	is gevallen	to fall

6b	bederven	bedierf, bedierven	(is) bedorven	to spoil, to go bad
	helpen	hielp, hielpen	geholpen	to help
	scheppen	schiep, schiepen	geschapen	to create
	sterven	stierf, stierven	is gestorven	to die
	werpen	wierp, wierpen	geworpen	to throw

7	dragen	droeg, droegen		gedragen	to wear, carry
	graven	groef, groeven		gegraven	to dig
	slaan	sloeg, sloegen		geslagen	to strike
	varen	voer, voeren	(is)	gevaren	to sail

MISCELLANEOUS

	gaan	ging, gingen	is gegaan	to go
	hangen	hing, hingen	gehangen	to hang
	vangen	ving, vingen	gevangen	to catch
	bewegen	bewoog, bewogen	bewogen	to move
	scheren	schoor, schoren	geschoren	to shave
	wegen	woog, wogen	gewogen	to weigh
	zweren	zwoer, zwoeren	gezworen	to swear
	worden	werd, werden	is geworden	to become

IRREGULAR

	doen	deed, deden	gedaan	to do
	staan	stond, stonden	gestaan	to stand
	zien	zag, zagen	gezien	to see
	weten	wist, wisten	geweten	to know
	slaan	sloeg, sloegen	geslagen	to hit

IRREGULAR VERBS OF VARIOUS TYPES:

	bakken	bakte, bakten	gebakken	to bake, fry
	braden	braadde, braadden	gebraden	to roast
	brengen	bracht, brachten	gebracht	to bring
	denken	dacht, dachten	gedacht	to think
	hebben	had, hadden	gehad	to have
	heten	heette, heetten	geheten	to be called
	jagen	joeg, joegen	gejaagd	to chase
	kopen	kocht, kochten	gekocht	to buy
	kunnen	kon, konden	gekund	to be able
	lachen	lachte, lachten	gelachen	to laugh
	moeten	moest, moesten	gemoeten	to have to
	mogen	mocht, mochten	gemoogd	to be permitted to
	plegen	placht, plachten	—	to be accustomed to *
	scheiden	scheidde, scheidden	gescheiden	to separate
	vouwen	vouwde, vouwden	gevouwen	to fold
	vragen	vroeg, vroegen	gevraagd	to ask
	waaien	woei, woeien/waaide(n)	gewaaid	to blow
	wassen	waste, wasten	gewassen	to wash
	willen	wilde (wou), wilden	gewild	to want to
	zeggen	zei, zeiden	gezegd	to say
	zijn	was, waren	is geweest	to be
	zoeken	zocht, zochten	gezocht	to look for
	zullen	zou, zouden	—	(future auxiliary)

* Past tense: 'used to'.

Appendix B

KEY TO THE EXERCISES

This key includes the Dutch-English and English-Dutch translations from each lesson, dialogues and short reading selections when they are part of the exercises. It does not include exercises in which a certain form of a word is to be supplied (the first exercise of each lesson) or the longer review readings in Chapters 7, 11, 18, 25 and 29.

Page 24

1. windows plates dikes clocks trees names houses eyes vases letters;

avenues and streets, hands and feet, houses and churches, books and newspapers, knives or forks, men or animals, beds and chairs;

rooms eggs ships children glasses cities days umbrellas;

three keys, four children, brothers and sisters, fathers and mothers, cups or glasses, streets with stores, families with children, two garages and two churches in three streets, four songs in two days, three windows and two doors or two windows and three doors, two cities and five villages, three days and three nights, four beds with two blankets.

2. steden broodjes eieren kopjes winkels kamers dochters liederen sleutels meisjes tafels guldens auto's schepen kinderen wegen;

broers en zusters, moeders en vaders, zoons en dochters; mannen, vrouwen en kinderen, steden of dorpen; messen, vorken en lepels, twee steden en vier dorpen, drie kopjes en drie lepels, twee kamers met vier ramen, vijf dagen en vier nachten, twee foto's, vier steden in twee provincies;

stoelen bedden deuren boeken schoenen namen bomen dijken klokken huizen dassen kerken borden pennen ogen flessen boten mannen dieren boeren minuten;

lanen of straten, messen en vorken, kranten of boeken, mannen en vrouwen, handen en voeten, huizen of kerken, deuren en ramen.

Page 29

3. 1. This man, that man; these women, the women, those women; those buildings, the buildings in this city; a canal, the water in the canals; this glass, the water in this glass, the milk in these glasses; a roll, the rolls, these rolls; this coffee and that tea; a ship on the water; the egg, two eggs, these eggs, those three eggs; those eggs are small. 2. The man is in the house. 3. The milk is in the bottle, and the bottle of milk is in the kitchen. 4. This house has two windows and two doors. 5. The matches are in the box on the table. 6. Here is a box of matches. 7. This city is large, but that one is small. 8. Five glasses and five cups are clean. 9. That man has four children: three daughters and one son. 10. The library is in this street. 11. The coffee is in a cup, but the milk is in a glass. 12. A cup of coffee or a glass of milk? 13. A man has two eyes and two ears. 14. Coffee for mother and father, but milk for the children.

4. 1. Het ei, dit ei, deze eieren; een straat, die straat; een kind, het kind, de kinderen, deze kinderen; deze gebouwen, dit gebouw, de gebouwen in deze stad; deze dorpen, de dorpen in deze provincie; die messen, vorken en lepels; deze twee ramen, die drie ramen, die twee ramen zijn groot; de meisjes, deze meisjes, dit meisje; een schip, het schip, die schepen, deze schepen op het water; de mannen, die mannen, deze mannen; een stuk brood; onder de tafel; onder die tafels. 2. De gebouwen in deze stad zijn groot. 3. De kat is in de keuken. 4. De kopjes en lepels zijn op de tafel, maar de glazen zijn in de keuken. 5. Dit mes is voor het brood. 6. De vrouw heeft een stuk zeep. 7. Deze stad heeft een bibliotheek en vier kerken. 8. Deze kerk is klein, maar die is groot. 9. De hond is klein. 10. De boeken zijn in de bibliotheek. 11. Dit huis is groot, maar de kamers zijn klein. 12. Het bed is schoon.

5. 1. He stays two days. 2. The children from next door are knocking on the door. 3. He is a student in Amsterdam. 4. We do not read the books at home, but in the library. 5. They are building a house in the city. 6. Do you read the newspaper (are you reading the newspaper)? 7. I am renting a room on Molenstraat. It is not large. 8. We do not live in the city. 9. Do you hear the radio? 10. Yes, I hear something. No, I don't hear anything. 11. He drinks a glass of water. 12. We are always at home. 13. The mirror falls on the floor. 14. I drink coffee and tea without milk (cream), but with sugar. 15. He is writing a letter to a friend. 16. She walks to the city. 17. Do you smoke cigarettes or a pipe? 18. Thank you for the coffee. Thank you for everything. 19. Thank you very much! Thanks you for all those books! You're welcome. 20. The breadman has bread, rolls and cookies today. Two rolls, please.

6. 1. Hij heeft al de boeken in die kamer. 2. Ik klop op de deur, maar hij is niet thuis. 3. Hij heeft een auto en een fiets, maar die zijn niet genoeg. 4. Dank u wel. 5. Woont u in een stad of in een dorp? 6. In een stad, maar hij is klein. 7. De spiegel valt op de grond en breekt. 8. Zij koopt thee en koffie in de stad. 9. Het water in de grachten is groen. 10. Wij lopen langs de grachten. 11. Zijn de kinderen allemaal thuis? 12. Ik loop van het huis naar de bibliotheek. 13. Wij kopen brood, maar bijna nooit broodjes of koekjes. 14. Wij huren twee kamers, maar zij zijn niet groot. 15. Ik hoor iets. Is de radio aan? 16. Nee, de radio is bijna nooit aan. 17. Ik zet de borden, glazen en kopjes op de tafel. 18. Die kopjes zijn niet groot genoeg. 19. Hij gooit het boek op de stoel. 20. Zij koopt dekens voor de bedden. 21. Woont hij hier of niet? Ja of nee?

7. 1. The garden is behind the house. 2. Now we are going down town. 3. I need a coat. 4. Do you have enough money? No, I have no money. I need a few guilders. 5. We live next to the church. 6. Speak slowly, please. I do not understand you. 7. Are you almost ready? Yes, now I am ready. 8. Here is the car stop. We are waiting here for the streetcar. 9. I see the streetcar already. It is on time today. 10. On the corner is the store, behind the church. 11. The building next to the church is the library. 12. Look in that show window there! That coat is nice, and not expensive. 13. We look at all kinds of coats, but they are all too expensive. 14. How about a cup of tea? Yes, I'm thirsty. 15. He doesn't eat any apples. He never eats apples. 16. That hat there in the show window is not cheap, it is expensive. 17. The closet is behind that table there. 18. He talks a lot. He talks too much. 19. I don't think they're cheap.

8. 1. Ik sta op een hoek en wacht op een vriend. 2. Hij is niet op tijd. 3. Wij zitten aan tafel. 4. Naast de kast, boven de tafel, is een boekenplank. Hij leest veel. 5. Eet u een boterham? Ja, ik heb honger. 6. Neem een appel! Zij zijn allemaal goed. 7. Nee, ik eet niet, ik lees. 8. Ik heb geen tijd. Ik ga naar de stad. 9. Verstaat u het? Nee, hij verstaat het niet. 10. Ik ontmoet Jan in de winkel. 11. Hij heeft een jas nodig, maar hij heeft niet genoeg geld. 12. Jassen zijn niet goedkoop. Zij zijn duur. 13. Deze boeken zijn allemaal te duur. 14. Zij wachten op de tram, maar zij praten niet. 15. Achter de deur is een kast, en in deze kast zijn de borden, kopjes en schoteltjes, glazen, messen, vorken en lepels. 16. De kamer heeft twee ramen en één deur. 17. Vindt u het duur?

Page 48
9. 1. Good afternoon, Mr. Roes! Good evening, Mrs. Theunisse. 2. It is nice weather today. 3. Yes, it is a nice day. 4. The cold weather doesn't come until later. 5. The little flowers are much prettier than the big ones. 6. The real little flowers are not so pretty. 7. Red flowers are always prettier than white flowers. 8. I like to bicycle in the summer, but I like it even more in the fall. 9. He likes best to read a novel. 10. This bread is expensive, but rolls are even more expensive. 11. The more expensive bread is not always the best. 12. Those other flowers are the prettiest. 13. Isn't the soup getting too thick? No, the thicker the better. 14. That is nothing new. 15. He is an important man. Yes, he is a very well-known musician. 16. In front of the house we see a lot of tall trees. 17. Those trees have green leaves in the summer and no leaves in the winter. 18. In the fall they have yellow and red leaves. 19. His name is Theunisse, or something like that. 20. Rich people wear expensive clothes. 21. Piet is a tall man, even taller that I am. 22. Another glass of milk? Yes, please. 23. The largest rivers in the Netherlands are the Rhine, the Meuse, the Waal and the IJssel. 24. The whole book is very difficult. No, it is an easy book. 25. Go ahead and eat one of those delicious oranges. 26. On the left side

of the street you see the post office. 27. In the fall we get a lot of rain.

10. 1. Het brood is te droog. 2. Dit droge brood is niet lekker. 3. Ik heb weinig boeken, maar hij heeft minder boeken. 4. Die grote bomen voor het huis zijn erg mooi. 5. Het is een belangrijk boek. 6. De bomen zijn nog mooier in de zomer. 7. Ik heb een nieuwe auto nodig. 8. Maar u hebt een auto. Is dat niet goed genoeg.? 9. Nee, die is te groot en te duur. 10. Ik heb een goed-kope auto nodig. Ik ben niet rijk. 11. Zij draagt graag iets nieuws. 12. Neem (toch) nog een sinaasappel! Nee, dank u. 13. Is het een interessant boek? 14. Ja, maar dat andere is interessanter. 15. Het is een aardig meisje. 16. Ja, zij is aardig, maar niet mooi. 17. Goeden avond, Meneer Theunisse. Goeden avond, Mevrouw Daan Goede morgen, Juffrouw Boeren. 18. Gewone mensen kopen niet de duurste kleren. 19. Ik heb het niet meer. 20. Is het glas niet droog? 21. In de winter krijgen we veel sneeuw.

Page 54

11. 1. I am looking forward to that trip to the Netherlands. 2. That is very nice of you. 3. Piet Zeilstra lives in Utrecht now. Do you know him? 4. Naturally. We work at the same office. 5. And Mrs. Zeilstra, do you know her too? 6. No, I don't know her. That's too bad. 7. I still remember that trip. 8. She lives in Zwolle – no, I'm wrong – she lives in Deventer. 9. The house is big enough for all of us. They certainly have room for you and me and the whole family. 10. They live with Mr. and Mrs. Mulders. 11. They always talk about him a lot. 12. Take that letter to the mailbox for me, will you? Put it in the box for me (mail it for me). 13. Do you have the suitcase all ready for me? 14. No, at the moment I do not have it ready yet. 15. I'm sorry, but it is not ready yet. My apologies. 16. There, now everything is taken care of! 17. Even he knows that. 18. The glass is broken. 19. At the moment the children are at school. 20. That I don't know yet. 21. They often pay us a visit.

12. 1. Veel mensen lezen dit boek, maar ik vind het niet in-teressant. 2. Is het postkantoor in deze straat? Ik zie het niet. 3. Ik ontmoet haar iedere dag in de winkel. 4. Verbaast hij zich? Nee, u vergist zich. 5. Het spijt mij, maar de schrijfmachine is stuk. 6. Meneer De Roode repareert schrijfmachines. Ik ken hem goed.

7. Hij kent ons beiden, maar hij (die) kent ons niet goed. 8. Alles is stuk. Zelfs de schrijfmachine is stuk! 9. Werkt Gerrit altijd met jou? 10. Nee, wij werken niet samen. 11. Dat is jammer. Hij is een knappe kerel. 12. Nee, het spijt mij, maar je kent hem niet goed. 13. Hij praat veel maar hij (die) weet niet veel. 14. Ik zie haar niet vaak. Zij werkt overdag. 15. De sleutels liggen op de tafel. Geef ze haar morgen! 16. Verheug je je op de reis? 17. Ik woon bij Gerrit en Anneke. 18. Wij ontmoeten elkaar in het postkantoor.

Page 59

13. 1. Today we're going by train to Arnhem. 2. Our railroads are very good. Our trains almost always run on time. 3. In our little country the trains go pretty fast. 4. Are yours in the U.S. good too? 5. Our country is big, and the trains are perhaps less good. 6. This compartment is already occupied. I see somebody's suitcase. 7. You're right, the train is leaving exactly on time. 8. Now we're going by bus to my family. 9. Which way now? The bus stop is right in front of the station. 10. Our whole family comes from this region. 11. Every week she drives to her family in Friesland. 12. Every day he drives to (his) work. 13. My brother's car is not black but red. 14. My wife always takes the big highway to The Hague. 15. Which car is his? 16. My warm coat is still hanging in the closet. 17. He always walks around with a pipe in his mouth. 18. Their new house is for sale. 19. What kind of a house is it? I mean, is it bigger than ours? 20. Who are they selling their house to?

14. 1. Ik loop niet veel. Ik fiets. 2. Hij komt met de fiets. 3. Komt zij met de trein? Nee, zij komt in haar auto. 4. Welke fiets bedoelt u? 5. Waar is hij nu? Achter het huis. Waarom vraagt u dat? 6. Wat zoekt u? Ik zoek mijn jas. 7. Heeft hij niet zijn eigen auto? Ja, maar hij gebruikt hem niet. 8. Hij en zijn vriend rijden iedere dag van Leeuwarden naar Stavoren. 9. Is dit huis te koop? 10. Wat bedoelt u? Ik bedoel, ik zoek een huis. 11. Welke kant uit? Ga deze kant uit. 12. Van wie is dit huis? Ik weet het niet. Het onze (dat van ons) is om de hoek. 13. Hij heeft gelijk. Ja, u hebt gelijk. Nee, u vergist zich. 14. Wat voor een kerel is zijn broer? 15. Welk restaurant bedoelt u? 16. Wij verkopen onze oude auto. 17. Jan, waar is je jas? Meneer Teeuw, is dit uw jas? 18. Welke jas is van u (de uwe)? Deze is van mij (de mijne). 19. Ga je naar huis?

Ja, mijn vrouw wacht op me. 20. Wacht je vrouw op je? Wat jammer.

Page 69

15. 1. How long are you staying in the Netherlands? A year? 2. No, not a whole year; not more than nine or ten months. 3. Is this the first time you've been in the Netherlands? No, this is (already) the second time. 4. August seventeenth, 1977. 5. We figure the distances in kilometers. Leiden is for example fifty-three kilometers from Utrecht, and twenty-seven kilometers from Gouda. 6. The two of us are going. 7. Are there four of you? 8. She has about ten rolls (ten rolls or so, nine or ten rolls). 9. I'll drop by your place this week (yet). 10. The breadman comes twice a week. I'll come a week from Monday (Monday a week). 11. We figure the weights in kilograms. A kilogram is a thousand grams. 12. But we also figure the weights in pounds. A Dutch pound is not the same as an American pound. 13. An American pound is sixteen ounces, but a Dutch pound is five ounces. 14. An American pound has 450 grams, and a Dutch pound has 500 grams. 15. Two pounds are a kilogram, so a pound is 500 grams and an ounce is a hundred grams. 16. How far is it (yet) to Amsterdam? Eight or ten kilometers. 17. She buys a kilogram and a half of potatoes.

16. 1. Een week heeft zeven dagen, en een jaar heeft twaalf maanden. 2. Zondag is de eerste dag van de week. 3. Januari is de eerste maand, en december is de twaalfde en laatste maand. 4. Februari heeft maar achtentwintig dagen. 5. Ik ga in september naar Holland. Ik blijf een maand of negen. 6. Hij komt vrijdag en blijft tot dinsdag bij ons. 7. Vijf juni, negentien honderd vijfenzeventig. 8. Hoe oud is zij? Een jaar of tien. 9. Wij kopen vlees per ons. U gaat in een winkel en zegt 'Vier ons gehakt, alstublieft'. 10. De slager zegt 'Ja mevrouw, één twintig per ons, dat is vier gulden en tachtig cent'. 11. U geeft hem vijf gulden, en hij geeft u het vlees en twintig cent. 12. Geef mij twee liter melk. 13. Dat vlees is te duur. Ik heb maar een gulden en ongeveer twintig cent.

17. – I still find the Dutch money a little strange. Figuring is not hard, but you people say the amount different than we do. – You mean amounts like 'twee kwartjes' and 'zeven stuivers'? – And others like 'drie-vijftig' or 'vijf-twintig'. – It really isn't so complicated. You have some banknotes and change there. – Yes, here

is a hundred, a couple of twenty-fives, a ten and three fives. –
That's a total of exactly 175 guilders, isn't it? The ten-guilder bill
we call a 'tientje'. – The hundred-guilder bill is brown, the twenty-
fives are red, the ten is blue and the fives are green. – Yes, we think
it's easy with all those colors. Your bills are all the same color,
aren't they? And how much change do you have? – Somewhat less
than four guilders. Do the coins have their own names too? – Of
course. These two-and-a-half guilder pieces we call 'rijksdaalder',
these are guilders of course, those twenty-five cent pieces are
'kwartjes' and those ten cent ones are 'dubbeltjes', this five-cent
one here is a 'stuiver', and the others are 'centen'. – Thanks a lot!
You're right, it isn't hard at all.

Page 74

18. 1. I studied at the university of Amsterdam. I took courses
there. 2. We cycled day before yesterday all the way from Haarlem to Enkhuizen. 3. Have you ordered the cheese and margarine
at the grocer's? 4. Yes, but I have not paid yet. 5. I repeated it,
but he did not answer. 6. I have not smoked at all this morning.
7. Yesterday father promised the children a visit to the movies.
8. He sent me a postcard and explained everything. 9. I met her
daughter during a party in Middelburg. 10. Which company has
built that new factory just outside the city? 11. We thanked them
for a sociable evening. 12. Many thanks for the pleasant evening!
13. Mother washed the children's hands and faces and sent them
upstairs. 14. The children were playing downstairs. 15. Yesterday
evening I listened to the radio at home. 16. Yesterday afternoon
I caught a cold. 17. The fire burned nicely. 18. My parents lived
a long time. They have always lived in Maastricht. 19. We followed (took) the main highway from Utrecht to Arnhem. 20. In
Holland I did a lot of bicycling. 21. I do not know how much
money I have. I have not counted it yet. 22. He has just paid the
bill.

19. 1. Heb je hun de brief al gestuurd? Nee, ik heb hem nog
niet gestuurd. 2. Wij hebben de rekening al betaald. 3. De universiteit heeft pas een nieuwe bibliotheek gebouwd. 4. Hebt u hun
jongste zoon nooit ontmoet? 5. Zij heeft een nieuwe mantel besteld, maar zij heeft hem nog niet betaald. 6. De kinderen speelden
buiten. Speelden ze niet boven? 7. Veel mensen passeerden, maar
niemand hoorde mij. 8. Hij heeft de foto's zelf ontwikkeld. 9. Zij

legde de kranten van haar broer op de tafel. 10. Ik ontmoette mevrouw Traas bij de kruidenier. 11. Zij heeft nooit beter gekookt dan nu. 12. Hun jongste zoon studeerde in Utrecht. 13. Zij telde: een, twee, drie... 14. Ik gooide de oude brieven en kranten in het vuur. 15. Zij waste de kopjes en schoteltjes en zette ze op de tafel. 16. Heeft hij je voor die sigaretten bedankt? Nee, hij heeft ze nog niet gerookt. 17. Hartelijk bedankt voor de sigaretten! 18. Ik heb nooit zo veel gefietst als hier in Holland. 19. Meneer van Wessem heeft zijn vrouw een nieuwe mantel beloofd. 20. Hij heeft overal in Europa gereisd. 21. Ik ontmoette hem gisteravond op een feest. 22. Je luisterde thuis naar de radio, niet waar? 23. Je hebt de verkeerde brieven verbrand!

Page 79

20. 1. Yesterday the two of us sat in the living room. 2. We stayed home, because the weather was cold. 3. Yesterday's snow still lay on the ground. 4. I read a book and now and then looked at the people in the street. 5. Everyone wore his warmest clothes and walked past quickly. 6. The sky was cloudy and the sun hardly shone at all. 7. We saw hardly any children outside. 8. It has already gotten quite a bit colder. 9. Yes, it froze hard during the night. 10. Some boys walked past with skates. 11. Each of them held skates in his hand. 12. They disappeared around the corner. 13. Have you ever skated? 14. Yes, but I have forgotten my skates. 15. I have left them at home. 16. We drank our cup of coffee and walked to the frozen canal. 17. Many boys and girls were already on the ice, others tied their skates on. 18. More and more children and also older people came to the canal. 19. Most of the people came from the city. 20. We forgot the cold and looked at the skaters with interest (interestedly). 21. They have found an excellent spot. 22. We stayed a half hour and then walked back.

21. 1. Wij zaten voor het raam en keken naar buiten. 2. Wij dronken koffie en spraken over vrienden. 3. Het water is al bevroren, want de winter is gekomen en het is een stuk kouder geworden. 4. Het ijs op het kanaal is al dik geworden. 5. Hij liep naar buiten en verdween om de hoek. 6. Wij gaven hem een kopje chocolade. 7. Toen gaven ze me nog een stuk koek. 8. Hij kwam binnen maar hij sloot de deur niet. 9. Waar komt u vandaan? 10. Hij liep voorbij maar hij kwam niet binnen. 11. De schaatsen lagen op de grond. 12. Ik heb mijn schaatsen nog niet gevonden.

13. Heb je die jas ooit gedragen? 14. Hij heeft mij nooit genoeg geholpen. 15. Ik lees af en toe een boek, maar dat boek heb ik nooit gelezen. 16. Hij at steeds meer. Eigenlijk at hij te veel (heeft hij te veel gegeten). 17. Zij hingen hun jassen voor het vuur. 18. Zij hebben helemaal niets gegeten. 19. Na een paar uur kwamen ze terug. 20. Ik heb nooit schaatsen gereden. Maar in Holland rijdt iedereen schaatsen! 21. Ik ben in negentienhonderd zevenendertig geboren. Bent u in Holland geboren?

Page 84

22. 1. Have you ever been in Breda? 2. He asked for the address, but I did not know it. 3. The children found the money in the street. 4. 'What have you done with that money?' I asked. 'We bought some candy', they said. 5. I said 'I looked everywhere, but I have not found my scarf yet'. 6. He laughed and said, 'Hasn't it always hung on the hook in the closet?' 7. Yesterday I drank a whole bottle of milk. 8. ' I didn't do it', he said, 'because I have had no time'. 9. There were a lot of people in the street. They came from the offices and stores and went home. 10. They stood at the stop and waited for the streetcar. 11. They have been standing now for a half hour in the cold. 12. Have you always been bothered by the cold? 13. The bus is late today, because it snowed. 14. She thought of him often, and wrote him many letters. 15. He has had the chance, but he has never done it. 16. We went to a reasonably-priced restaurant and had a tasty meal. 17. The meal consisted of meat, potatoes and vegetable. It was a perfectly ordinary Dutch meal. 18. Last week I finally sold my old motor bike. 19. A month ago I bought around ten handkerchiefs. Have you seen them? 20. I watched TV all evening. 21. He went with a friend of his; what was his name again? 22. Our city hall looks like a church. Well, I'll be! 23. I brought her some fruit and candy.

23. 1. Hoe lang zoek je al naar je zakdoeken? 2. Ik zoek al een uur. 3. Zij zijn waarschijnlijk in de kast, want ik heb ze gisteren gewassen. 4. Zoek je Gerrit? Hij is naar de kapper gegaan. 5. Hij lachte en zei, 'Nee, ik zocht hem niet'. 6. Zij kocht een paar nieuwe dassen en sokken voor me. 7. Hij lachte om mijn nieuwe das. 8. Wij gingen naar de bioscoop en zagen een uitstekende film. 9. Wij hebben onze auto verkocht, want de benzine was te duur. 10. Hij wist niet eens de naam van zijn hospita (hoe zijn hospita heette). 11. Ik heb wat geld in de la gezien. Heb jij het daar gelegd? 12.

Waarom heb je om meer geld gevraagd? 13. Ik wist niet hoe weinig je had. 14. Mijn vader is plotseling gestorven. Het stond in de krant van gisteren. 15. Zij vroeg mij om pen en papier, en ik gaf ze haar. 16. Hoe heette uw hospita? 17. Zij verloor haar sjaal, zocht hem en vond hem niet, vroeg iedereen, en vond hem eindelijk in de la van de keukentafel. Al die tijd dacht ze aan niets anders. 18. Nu heeft ze hem weer verloren en deze keer heeft ze een nieuwe gekocht. 19. Ik heb je overhemd gewassen en het in de kast gehangen. 20. De maaltijd bestaat uit vlees, aardappelen en groente.

Page 90

24. 1. Do you speak Dutch? Yes, I can already speak it a little. And can you understand everything that I say? I can follow you fine, but you must speak slowly. Do you find the Dutch language easy? The pronunciation is difficult, but I want to learn it well. Yes, that comes with a little practice. Can you also read and write it? I write a letter in Dutch now and then, but I have to use a dictionary. I had to learn English at school, but now I can't speak it any more. Yes, you forget it easily!

25. 1. Can you lend me a few guilders? 2. You really shouldn't ride a bicycle on the sidewalk. 3. Hello (good morning, etc.)! I would like to have some herring. 4. How much did you have to pay for this camera? 5. Above all you must not drop those cups. 6. I had my hair cut (got a haircut) yesterday. 7. You don't need to go all the way to the center of town to buy the tickets for the concert. 8. That doesn't matter at all to me. 9. He asked for help, but nobody wanted to help him. 10. She talked without listening to me. 11. No one wanted to do that for him. 12. I really wanted to go to Belgium last week. 13. I have always wanted to visit Gent and Bruges. 14. He has often had to go to Flanders (or: northern Belgium). 15. I would like (to have) a little more pudding. 16. May I smoke here? No sir, that is not permitted here. 17. Can you repair these shoes today? Yes sir, we can. 18. Do the children have to eat pudding too? No, that isn't necessary. 19. She wanted to come to show you her new camera. 20. He talked a lot, but I wasn't able to understand him. In fact, I have never been able to understand him. 21. You must look carefully (sharp); otherwise you can't see it. 22. Can you see him coming now? 23. I'm sorry, but I didn't hear him speak. 24. Can I go by way of Breda? Yes, but it would be better to go by way of Tilburg. 25. I would like to visit a Dutch farm.

26. 1. U hoeft de ober geen fooi te geven, de fooi staat al op de rekening. 2. Hebt u dorst? U mag wat sinaasappelsap hebben. 3. Wil je wat melk? Je moet in de ijskast kijken. 4. Wij hebben uw uitnodiging gekregen, maar wij hebben niet kunnen komen. 5. Je moet genoeg eten. Anders kun je niet goed werken. 6. Een van de banden is lek. Kunt u hem repareren? 7. Ik heb de andere band pas laten repareren. 8. Je hoeft niet te betalen om hier te zwemmen. Het is gratis. 9. Waarom heb je je handschoenen niet kunnen vinden? 10. Ik weet het niet, maar ik hoop ze morgen te vinden. 11. Wilt u colleges volgen aan de universiteit? 12. U moest niet zo vlug praten. Niemand kan u verstaan. 13. Ik probeer langzaam en duidelijk te praten, maar ik kan het nooit. 14. Op de boerderij kun je altijd melk krijgen. 15. Zij wilde met het vliegtuig komen. Zij heeft altijd per vliegtuig willen komen. 16. Ik moet mijn fototoestel laten repareren.

Page 95

27. 1. Tomorrow we will see how much time we have. 2. I am about to leave (on the point of leaving). 3. I would like to have another cup of coffee. 4. Could that wait just a bit? At the moment I am writing. 5. Might I use the typewriter this afternoon? 6. Certainly, I probably won't need it. 7. Then I would like to use it. I intend to write a few letters. 8. I didn't know what 'limonade' meant, because I had never bought that here. 9. That is the name of various drinks made of fruit juice (fruit-juice drinks); it doesn't need to be made of lemon. 10. We will need some more money. Yes, probably so. 11. What does that blue sign with the white bicycle mean? 12. That is a bicycle path. You may not walk there. In other words, walking is forbidden there. 13. I have already been in the Netherlands six weeks now, but by chance I hadn't seen a sign like that yet. 14. You are not used to our traffic signs yet. 15. A little ways further you will find a sidewalk. 16. Next Tuesday I will have to go to Nijmegen. 17. We will have to try that next week. 18. The next streetcar does not come until about twenty minutes later. 19. Can you show me the way to Van der Maas' bicycle shop? 20. Let's see. Oh yes. You follow this street a ways and then you come to a canal. 21. You go over the bridge, then left, and then it's right straight ahead. You can't miss it. 22. Van der Maas is right opposite the big church. 23. Watch out! You must not get lost in our house. Since May we have been living on the third floor. 24. What do you mean, 'tweede verdieping'? 25. That means about the same as 'two flights up'. The first 'verdieping' is therefore one flight up. 26. But in the U.S. the first floor is usually also the lowest. That we call 'gelijkvloers' (ground floor) here. 27. For example, the second 'verdieping' is the third story for you. 28. The day after tomorrow I'm going on the train to Den Bosch. 29. The traffic in Amsterdam is probably pretty busy.

28. 1. Sinds oktober wonen wij op de derde verdieping. 2. Wat betekent 'verdieping'? Het betekent niet hetzelfde als 'story'. 3. Wilt u me de weg wijzen naar het centrum? 4. Natuurlijk. Ga rechtdoor, en dan rechtsaf. 5. Maar pas op. U kunt in deze stad gemakkelijk verdwalen. 6. Ik had geen honger, want ik had veel gegeten. 7. Ik zou (wou) graag nog een glas sinaasappelsap hebben. 8. Even kijken. Nee, wij hebben geen sinaasappelsap, maar we hebben wel een fles melk. 9. Je moet een ogenblik wachten. Op 't ogenblik ben ik aan 't lezen. 10. Heb je een exemplaar van dat boek kunnen vinden? 11. Je zoekt het al weken lang, is 't niet? 12. Je mag op het fietspad niet lopen. Het is verboden. 13. Ik verdwaalde, want ik kon me niet herinneren waar je woonde. 14. Ik ben niet gewend aan deze straten en bruggen. 15. Ik ben van plan om een kaart te kopen om de namen van de straten te leren. 16. Volgende week ga ik een kaart kopen. Aanstaande woensdag ga ik een exemplaar van dat boek kopen. 17. Toevallig was ik nooit in deze buurt geweest. 18. Heb je vanmiddag je auto nodig? 19. Ik weet niet altijd wat de verkeersborden betekenen. 20. Met andere woorden, zij zijn moeilijk. 21. Ik zal een kaart voor u kopen, dan zult u al de straten kunnen vinden. 22. Het verkeer in Rotterdam is erg druk. Ja, dat zal wel.

Page 104

29. 1. My friend called me up yesterday and invited me to spend an evening with him. 2. 'Shall I bring my wife along?' I asked. 3. O.K.! I suggest the following: You go along with us to my brother's in Middelburg to wish him a happy birthday. His birthday is on Monday. 4. 'We'll have to take along our raincoats', said my wife. 5. We took the train to Dordrecht. 'But we'll have to change in Rotterdam', I remarked. 6. Three hours later we arrived at our friend's place in Zeeland. 7. 'Come in!' he said. 8. We sat in the living room talking a while. He offered us a cup of tea. 9. 'I have just called up my brother', he said, 'we can visit him right away'. 10. We left and arrived a few minutes later at his brother's. 11. It was a pleasant evening. We had brought a few presents along. 12. 'We have to leave (we ought to go)! said my wife finally. 'We can postpone that a few minutes more', I answered. 13. 'But we have to get up early tomorrow'. 'No, we won't get home so terribly late'. 14. We spent another fifteen minutes at my friend's brother's, and then left. 15. We had no desire to leave yet. 16. 'You must come back next year!' said our host. 'Agreed (we'll do that)!' we said, and returned home.

30. 1. Hij kwam de kamer binnen en deed de deur dicht. 2. Zij heeft de kamer moeten schoonmaken. 3. Bel me morgen op, dan kun je een afspraak met me maken. 4. Zij was teleurgesteld, maar hij merkte het niet op. 5. Zij heeft haar nieuwe handschoenen nog niet aangetrokken. 6. Wij moesten ons bezoek even uitstellen (wij hebben ons bezoek even moeten uitstellen, even uit moeten stellen). 7. Hij trok zijn schoenen aan. Hij trok zijn regenjas uit. 8. Heb je je beste regenjas aangetrokken? 9. Wij nemen de trein naar Rotterdam, stappen in Delft over, en brengen de dag bij vrienden in Rijswijk door. 10. Wij belden hun op en wensten hun geluk. 11. Wilt u deze jas goed voor me inpakken? Ik moet hem niet kwijtraken. 12. Sinds negentienhonderd vijfenveertig heeft Rotterdam veel veranderingen ondergaan. 13. Na ons bezoek kwamen we met de trein over Den Haag terug. In de trein zaten we te praten (hebben we zitten praten). 14. Wacht op het groene licht, en steek dan de straat over. 15. Wij stonden vroeg op en gingen weg, want wij hadden een afspraak om mevrouw Verbruggen op te zoeken. 16. Ik gaf hem de lucifers, en hij stak zijn sigaret aan. 17. Vergeet niet, dat boek terug te brengen! 18. Ik moet iemand opbellen. 19. Ik ben mijn jas kwijt. 20. Eindelijk ben ik die oude jas kwijt(geraakt).

Page 110

31. 1. He asked whether I was intersted in music. 2. Did you know that a friend of yours had called up today? He was talking about a new car (he mentioned a new car). 3. The mirror that has always hung there on the wall fell yesterday. 4. Before Juliana was queen, she was called Princess Juliana. 5. When he was at our place yesterday he made a date with us. 6. She didn't say when she would bring it. 7. When we were talking about birthdays at coffee (at lunch) yesterday, I heard that your birthday is today. 8. I'll ask whether this is the right train. 9. That blue and red sign means that you may not park here. 10. Wouldn't it be nice if we took a trip to Antwerp? 11. Yes, I think that's fine, at least if it isn't too expensive. 12. When he had said that to me, he immediately took his coat and went out the door. 13. He came, in spite of the fact that he had a cold. 14. I didn't send you the catalogue, because you said that you did not want to buy any second hand books. 15. I think those saucers belong there in the closet. 16. Whose are they? They are Mrs. Roes's. 17. After they were gone we could finally go to bed. 18. Do you know where I can find Henk? I'm sorry, but I don't know where he is. 19. Although I express myself fairly well in Dutch, I always have to watch out to avoid mistakes. 20. When she and her mother are together, they talk without stopping. 21. They have a lot to tell each other. 22. When I read that story, I thought it was very good.

32. 1. Ik hoorde gisteren dat je een tocht naar Antwerpen had gemaakt. 2. Het verhaal dat zij mij gisteren vertelde was goed. 3. Ik lees elke dag een verhaal of de krant, als ik tijd heb. 4. Als ik meer geld had verdiend zou het niet nodig zijn om een tweede-hands auto te kopen. 5. Ik vroeg of de tweedehands boeken in deze catalogus te duur waren. 6. Toen ik binnenkwam, stond hij op en ging weg. 7. U mag niet parkeren waar u een rood-blauw bord aan de kant van de straat ziet. 8. De borden die ik heb gezien waren allemaal rood en wit (rood-wit). 9. Ik weet niet waar de catalogus is die u mij toestuurde. 10. Ik weet niet hoe hij zo veel kan werken zonder te rusten. 11. Hij werkt aan één stuk door. 12. Zolang het weer zonnig blijft kunnen we een heleboel (veel) tochten maken. 13. Het is vervelend als je de hele dag thuis moet zitten, speciaal in de zomer. 14. Je weet niet wat ik met het woordenboek heb gedaan? Je weet dat het altijd op de bovenste plank staat. 15. Het woordenboek staat op de bovenste plank, waar wij het altijd bewaren. 16. Het stadhuis is erg interessant, omdat het heel oud is. 17. Hij had het over zijn nieuwe huis.

Page 115

33. I have to write a couple of letters, to Mr. Meertens and to Piet De Wit. Do you have any stationery and envelopes? Yes, of course. Do you have stamps? No, but I have to go to the post office pretty soon anyhow to buy postcards and air letters. But Mr.

Meertens doesn't know any English. Do you intend to write him in Dutch? Yes, I want to try to write to both of them in Dutch, but first I have to ask you a few questions. How do I begin the letter to Mr. Meertens? First write the date at the top, '26 november 1974', and then you can best begin with 'Zeer geachte Heer', or 'Geachte Heer Meertens'. Fine. And what do I write then at the end of the letter? We usually write 'met de meeste hoogachting', or simply 'hoogachtend'. Thank you. But wait a minute; how about the letter to Piet? Do I use the same words for that letter? No, that one you begin with 'Beste Piet', because you know him well, and at the end you write 'met vriendelijke groeten' or 'met hartelijke groeten', and then naturally your own name.

34. 1. If you want to send a package to the U.S., you have to declare the contents at the post office. 2. I don't believe I've made your acquaintance yet. 3. In Holland you can get various kinds of cheese, but the two main kinds are Gouda and Edam. 4. Your daughter is a secretary at a large office in Amsterdam, if I am not mistaken. 5. The children are making such an awful noise that I can't work any longer. 6. Yes, I think that's annoying too. Shouldn't they actually be at school? 7. At the barber's, at least at the one in Haarlemmerstraat, you can get a haircut for four guilders. 8. Are you going along the day after tomorrow to that exhibition of paintings in the museum? 9. I think it would be worth the trouble. 10. It would certainly be nice, but I can't do it Monday because I have to be at the office during the day. I'm sorry. 11. He is proud of the pictures he took when he was on vacation. And they are excellent, too. 12. I can well imagine that she finds her work as a secretary pleasant. According to her (she thinks) it is pleasant work. 13. The tablecloth you gave us when we married we're still using. 14. You bought eight guilders and forty cents worth, you give me a ten, and get one sixty back. 15. Will you tell me how you did it?

35. 1. Zij is getrouwd met een professor aan de universiteit van Groningen. 2. Ik zou graag naar de tentoonstelling gaan, die pas begonnen is in de bibliotheek. 3. Het zou leuk zijn als we geld genoeg hadden om een nieuwe auto te kopen. 4. Je hoeft niet een hele kaas te kopen, want de kruidenier kan een plakje voor je afsnijden. 5. Als ik me niet vergis, beloofde je me gisteren dat je het zou doen. 6. Ik wist niet dat ze getrouwd was totdat zij het me zei.

7. Als u de man in de winkel twee gulden vijftig geeft, krijgt u veertig cent terug. 8. Deze melk smaakt niet lekker. Waar heb je deze fles gekocht? 9. Weet u hoe lang hij zijn bezoek uitgesteld heeft? 10. Ik zou liever tarwebrood hebben, als u het vandaag hebt. 11. Wij houden niet van wittebrood (wij vinden wittebrood niet lekker). 12. Wij hebben veel kleren meegebracht in onze grote koffer, maar geen dekens, lakens of tafellakens. 13. Hij vertelde me wat hij deed, toen al die mensen aankwamen. 14. Natuurlijk is hij trots op zijn gezin.

Page 121

36. 1. Company is coming this evening. 2. We'll have to buy some cups and saucers. How many will we have to have? 3. There is a dish of apples on the table. Do you want one of them? 4. No thank you, I have already had one of them. 5. Thank you for all your help. I did not even have to ask you for it. 6. It looks as though we're going to get snow. 7. There was a fire yesterday. Did you read about it in the paper? 8. You may have some fruit, or don't you like it? 9. If you don't like fruit, what do you like, then? 10. That is something we have heard a lot about. 11. What do you think of it? I am against it. 12. I'll take another cup of coffee, but after that I have to leave. 13. There is still a piece of paper left over. What shall we use it for? 14. Here is the book that I have now read twenty-two chapters of. 15. Do you only have one towel? There are supposed to be two of them. 16. He took his bicycle, jumped on it, and rode away. 17. What does that make you think of? 18. You're right, it would be nice to eat in a restaurant in town. I hadn't thought about that. 19. You are reading today's paper. Is there anything interesting in it? 20. No, hardly anything has happened. There is nothing in here except a few things about the government. 21. I can't say anything else about it because I don't know anything at all about it yet. 22. You must remember that it can be very dangerous. 23. I am counting on the fact that you'll call (on your calling) me up tomorrow. 24. Remember to bring the money along. 25. What kind of a man is he? I can't say anything about that. 26. There used to be three trees in front of the house, but now only one of them is left. 27. What happened?

37. 1. De tafel staat in de hoek, en uw enveloppen liggen erop. 2. Ik wilde een boek van de bibliotheek lenen, maar toen ik in de stad was dacht ik er niet aan. 3. Het is geen gemakkelijke taak, u moet er niet om lachen. 4. Woont u in Hilversum? Ik ben er nooit geweest. 5. Het weer ziet er vandaag prachtig uit. 6. Er staat een agent op de hoek. Waarom vraag je 't hem niet? 7. Toen ik de kast open deed, vielen er drie glazen uit. 8. Hij kwam vorige week aan, maar ik had er niets over gehoord. 9. Je moet er niet om lachen. Hij is werkelijk ziek. 10. Wij hebben gehoord dat het strand prachtig is, maar wij hebben er nooit gezwommen. 11. Ik heb meer dan genoeg zakdoeken. Hoeveel heb je er nodig? 12. Zolang er tijd genoeg is, blijven we. 13. Het is een groot woorden-boek, maar ik kan dat woord er niet in vinden (dat woord kan ik er niet in vinden). 14. Ja, dat is een moeilijk woord. De betekenis er-van is moeilijk te verklaren. 15. Waar heb je die schaal gekocht? Heb je er veel voor betaald? 16. De stoel waarin u zit is de beste die wij hebben.

Page 127

38. 1. I found a little store on the corner and called him up. 2. A little ways past our house you can see where they're building. 3. I only have a ten-guilder bill. 4. You probably can't change that. Yes I can. 5. On that little table in the corner there is a box of teaspoons. 6. We are taking a trip to one of the towns in the neighborhood. 7. The cat has a little bell on so that the birds hear her (it). 8. A short time ago I could hardly speak any Dutch yet. 9. The children are always crazy about sweets. Shall we take some pieces of chocolate along? 10. Every day we get a large bottle of milk and two small ones from the milkman. 11. He has a very nice wife, but I still think she talks a little too much. 12. We sat an hour or so in the sun, because it's been so cloudy this week. 13. With our glass of 'limonade' they brought us a little dish of cookies. 14. What kind of a thing is that? Throw that dirty box away (get rid of that dirty box) immediately! 15. Take another piece of cake! 16. Will you bring a roll of film along for me? I'd like to take some pictures. 17. We talked a moment about our trip. 18. The boys are playing soccer in the street with a little ball. 19. Do you want (to have) a bite to eat? Or shall we have lunch down town? 20. I don't have any guilders, but I do have a pocketful of 'kwartjes' and 'dubbel-tjes'. 21. In the cities many people speak a little (bit of) English, but in the villages they don't speak any English at all. 22. That book is not mine, but I'm going to read it anyhow. 23. I have to buy a new comb and some razor blades.

39. 1. Are the lessons all being learned well? 2. The water is pumped by the mills out of the ditches and canals to the rivers. 3. When the light had been turned out, the film was shown. 4. She was called to the telephone and didn't come back. 5. Much more wine is drunk in France than here. 6. No French is spoken here. 7. But German is spoken here. 8. There is a knock at the door. Who is there (who is it)? 9. Big cars are not to be had here. There's no sense looking for them. 10. The letter is signed by Frits, but I see that it was written by Anna. 11. We will be picked up by our friends in Amsterdam. 12. Suddenly a lot of noise was heard, and immediately after that there was shouting outside. The whole matter has never been explained. 13. A lot of milk is drunk in the U.S. 14. Milk is not sold in bottles but in cardboard (cartons). 15. Every year a lot of automobile accidents happen on our highways. 16. In the Netherlands an awful lot of fruit is imported every year. 17. Our visit to Brussels has to be postponed a bit. 18. The two people who were injured in the automobile accident were immediately brought (taken) to the hospital. 19. In Flanders (or: in Dutch-speaking Belgium) Flemish and Dutch books are read. 20. The 'Afsluitdijk' was built between 1927 and 1932. 21. In general people work hard in that factory. At the moment they are especially busy. 22. He is still busily talking.

40. 1. Er wordt in Duitsland veel meer bier gedronken dan hier. 2. Kan deze koffer hier gerepareerd en in Den Haag afgehaald worden? 3. Deze brief is niet door Kees geschreven. 4. Margarine wordt hier gegeten omdat boter zo duur is. 5. In Nederland worden veel Vlaamse romans gelezen. 6. Dit exemplaar van de brief moet aan mijn vader en moeder worden gestuurd. 7. Zijn die boeken nog niet gevonden? 8. Nadat iedereen mijn sjaal gezocht had, werd hij eindelijk in de la gevonden. 9. Je moet het doen. Het wordt van je verwacht. 10. Het water voor veel steden bij de kust wordt uit de duinen gepompt. 11. Deze jas moet goed ingepakt worden, want hij zal naar Amerika worden gestuurd. 12. Wijn wordt in flessen verkocht, maar melk wordt in karton verkocht. 13. Sinaasappels moeten uit andere landen worden geïmporteerd. 14. Onze kleren worden zelden weggegooid; ze worden gewoonlijk weggegeven. 15. In het IJsselmeer worden op grote schaal dijken gebouwd. 16. Zoals u weet, worden ze aan het station afgehaald. 17. Over 't algemeen kan zo'n reis in anderhalve dag worden gemaakt. 18. Hier wordt alleen Hollands gesproken. Er wordt hier geen Duits gesproken (hier wordt geen Duits gesproken).

Page 140

41. 1. At 11 a.m. people drink coffee in the Netherlands. 2. If you take those letters to the mailbox this evening before 7:30, they will be delivered tomorrow morning at 11 a.m. 3. In the winter it usually gets dark here at five o'clock. 4. We get our mail earlier than you do. The mailman usually comes toward eleven o'clock in the morning. 5. I will pick you up tomorrow morning at twenty to ten. 6. The next train leaves at 12:21 and arrives in Eindhoven at about five after one. 7. If you want to see a sea of cars, you ought to be in Amsterdam about five o'clock! 8. All classes at the university begin at a quarter after the hour and are over in three quarters of an hour. 9. She dialed the number, but it was busy. 10. You got a call a quarter of an hour ago from your mother. 11. The train arrives at 2:40 at platform two. 12. I would like to drop by this evening at about 7:30. Would that be all right? 13. Fine. We come home in the evening about 5:30, we eat at 6:30 and are finished at a quarter after seven. And we don't go to bed until eleven o'clock. 14. So we'll see you (each other) again at 7:30, O.K.? So long! 15. I have to have my watch back this afternoon before 5:30. Will you let me know when you have repaired it? 16. She didn't stop swimming until four o'clock. And this evening she wants to go on! 17. The traffic is very busy, because we came right in the rush hour.

42. 1. Als deze trein om tien over zeven vertrekt, wanneer komt hij dan in Breda aan? 2. Om vijf uur is het werkelijk gevaarlijk in de grote steden, omdat er zo veel auto's zijn. 3. 's Zondags begint onze kerkdienst om tien uur en is om ongeveer kwart over elf afgelopen. 4. Heb je me drie uur geleden opgebeld? Ik was niet thuis, omdat ik een afspraak had om half vier. 5. Wij staan om acht uur op, nemen de bus die om één over half negen vertrekt, en komen even voor negen uur aan. 6. Als we die bus missen moeten we wachten, want de volgende vertrekt om tien voor negen. 7. Zou het schikken als ik vanavond om een uur of acht langs kwam? 8. Zeker. 's Avonds komen we om zes uur thuis. Zaterdags komen we nog vroeger thuis. 9. 's Zomers gaat de zon om acht uur onder, maar 's winters gaat hij veel vroeger onder. 10. In Holland drinken we koffie om elf uur 's morgens, en thee om een uur of vier 's middags. 11. Wij verwachten hem om kwart over vier aan het station. 12. De trein komt om acht voor half zeven op het derde perron aan. 13. Het meisje aan het loket zegt dat deze trein om vijf over drie in Alphen stopt. 14. Goed. Dan kunnen we in vijftien minuten in Alphen zijn. 15. Heb ik tijd om een paar bladzijden van de krant te lezen? 16. Juffrouw, is het concert vóór tien uur afgelopen? 17. Nee meneer, de concerten zijn gewoonlijk om een uur of half elf afgelopen, en gisteravond duurde het concert tot kwart over elf. 18. Ik kan vóór twee uur niet klaar zijn. Ik zal je waarschuwen als ik klaar ben. 19. Als u mij morgen wilt opbellen, kunt u 18 23 84 draaien.

43. What time do we have to be in Amsterdam? We'll have to be there at about 7:30, because the concert begins at eight o'clock. And what time does our train leave? Let's see. At 18:22. What did you say (pardon me)? I didn't understand that. I said 18:22 – that's the way it is here in the timetable. That means twenty-two minutes after six, or 6:22. Then we'll arrive in Amsterdam at 7:25. And what time is the concert over? Oh, certainly not later than eleven o'clock. A train leaves at 23:20 from Amsterdam, that is at twenty after eleven. And now it's just quarter after six, so we still have seven minutes. Pardon me, but your watch is slow. Just look at that clock up there! It's already twenty after six; we only have two minutes. We've got to hurry! Can we still catch the train? I wouldn't want to miss it. I'll go ask. (At the window) Pardon me, do you know if the train to Amsterdam leaves at 6:22? Yes sir, but this evening it is late. When is it arriving? I think in ten minutes, so not until 6:30. Then we have enough time. Thank you very much.

Page 146

44. 1. I can already read Dutch fairly well. 2. Really? So it didn't turn out to be too hard (too much) for you. 3. We are trying to learn Dutch, but we don't know the language well yet. 4. The use of the words is often very different from English. 5. My brother, who is a teacher, has been at a school in Alkmaar since last year. 6. Who was that fellow you were talking to in front of the city hall? 7. I saw him recently in Amsterdam. 8. Before we eat I usually sit in the living room and read my newspaper. 9. Would you care for a sandwich? And how! I'm hungry. 10. She was talking about her children, I think. 11. Next Sunday there is a special church service (a special church service is taking place) which I would like to attend. 12. The train is chock full, and all the seats are taken. 13. I think he's (a) boring (man), because he repeats everything he says. 14. I like bread and jam very much. I think bread and jam are very good. I'm simply crazy about them. 15. May I bother you a moment? I would like very much to ask a question. 16. This is the only raincoat I own. 17. My husband has seen a lot of the world, but I have never been abroad (out of the country). 18. For breakfast, people in Holland usually eat bread and cheese, meat, or jam. 19. A few months ago I couldn't understand a word of Dutch, but recently it has become easier. 20. A lot of grass grows (is growing) along the ditches. 21. Typical of the Dutch landscape are the ditches and the grass. 22. We keep the salt and pepper in the closet. 23. He has taken care of all that in one day? He's quite a fellow. 24. And besides, he is always busy with his work. It's fortunate that he's so healthy. 25. I have no objection to your sending the newspapers separately (I don't object if you want to send...). 26. The newspapers must be sent abroad (out of the country). 27. How do you manage in such a little apartment? Oh, it isn't all that bad.

45. 1. Je ziet er vandaag niet goed uit. 2. Nee, ik ben de laatste tijd een paar keer ziek geweest, en een paar dagen geleden heb ik kou gevat. 3. Ik heb u niet verstaan. Wilt u dat herhalen, alstublieft? 4. Zeker. Ik zei 'al de plaatsen zijn bezet, en wij zullen tot Delft moeten staan'. 5. Er staat een interessant artikel in de krant over landschappen. 6. Hoe redden ze het zonder auto? 7. Wij hebben geen kaas voor je brood, maar je mag jam hebben, als je wilt. 8. Wist je dat die jonge leraar die je in Wageningen ontmoette naar Amerika is gegaan? 9. Het restaurant is stampvol. Dat valt een beetje tegen. 10. Waar bewaart u uw potloden? Dat op de tafel is het enige dat ik heb. 11. Het is vervelend als er nooit een potlood te vinden is. 12. Ik moet u even lastig vallen, omdat ik niet weet waar het zout en de peper zijn. 13. Wij zaten even te praten. 14. Het valt op (het is opvallend) dat hij altijd in het buitenland zit. 15. Wat betekent dat woord 'bezet'? Dat kan ik me niet herinneren.

Page 151

46. 1. The façade is the front of a house. The façades of some old houses in the cities are especially pretty. 2. If you need stamps and air letters I can get them for you, because I have to go to the post office anyhow. 3. He made all kinds of remarks, but we simply didn't listen to him. 4. The police station is two blocks further, on the left side of the street. 5. There is still a possibility that we'll be able to go to Scheveningen for the concert, but there are difficulties. 6. I'm going to another barber. My barber cuts the sides too short and leaves the back too long. 7. If you want to know what time it is while you're down town, look at the clock on the city hall tower. 8. Fortunately it will not be necessary to ride there in the rain. 9. We would like to live in the city (in town), but the only house we could find is in the country. 10. Do you think dark blue looks good on me (becomes me)? Yes, but you look much better in a lighter color. 11. The cat is sitting motionless in front of the window. 12. His motionlessness always makes me smile. 13. He has always been stubborn. His stubbornness is a big disappointment to me. 14. At the bus stop in front of the station you get in, and you have to get out at the third stop.

47. 1. Rood, geel, blauw, paars, bruin en groen zijn kleuren. Lichtblauw, donkerbruin en donkerpaars zijn ook kleuren. Maar zwart, wit en grijs zijn géén kleuren. 2. De Hollanders eten veel slagroom: op pudding, ijs en in koffie. 3. Mag ik de pen onmiddellijk terug hebben als je er klaar mee bent? 4. 'Tot uw dienst' is een uitdrukking die ik nooit heb gehoord. Wat betekent het? 5. U zegt 'tot uw dienst' of 'niets te danken' wanneer iemand u voor iets bedankt. 6. De hoofdstad van Nederland is Amsterdam, maar de ministeries zijn in Den Haag. 7. Ons huis heeft een woonkamer, eetkamer, keuken, twee slaapkamers en een badkamer. 8. Er zijn drie grote ramen aan de voorkant, en een achterdeur en twee kleinere ramen aan de achterkant. 9. De verwarming is slecht, maar wij krijgen de zon aan de voorkant. 10. Ik lees die krant iedere dag, maar hij geeft je niet altijd de waarheid. 11. De verkoopster in het warenhuis die me dit papier verkocht was heel vriendelijk. 12. Ik wilde wit of lichtgrijs papier, maar zij had alleen dit lichtblauwe briefpapier met de enveloppen. 13. In Nederland ziet men (zie je) veel verkeerslichten. Het is gevaarlijk, omdat er zo veel auto's zijn, en veel straten zijn smal en krom. 14. De hond is onbeweeglijk, want hij slaapt. 15. Zij glimlachte toen ik zei dat het gevaarlijk was.

Dutch-English Vocabulary

A

aan, to, on, at
aanbieden (*bood, geboden*), to offer
aandraaien, to turn on
aangenaam, pleasant
aankomen (*kwam – kwamen, is gekomen*), to arrive
aankondigen, to announce
aannemen (*nam – namen, genomen*), to accept
aanstaande, next
aansteken (*stak – staken, gestoken*), to light
het aantal, number
aantrekkelijk, attractive
aantrekken (*trok, getrokken*), to put on
aanzienlijk, considerable
aardappel, potato
aardig, nice, pleasant
absoluut, absolutely
academie, academy
acht, eight
achter, behind
achterdeur, back door
achterkant, back; *aan de a.*, in back
achterlopen (*liep, gelopen*), to be slow (of a clock)
achterover, over (backwards)
achttien, eighteen
administratie, administration
het adres, address
advertentie, advertisement
af en toe, now and then
afgelopen, over (ended)

afgesproken, agreed, O.K.
afhalen, to pick up
afhangen (*hing, gehangen*) *van*, to depend on
aflezen (*las, gelezen*), to read (from)
Afsluitdijk, the dike separating the IJsselmeer from the sea
afsnijden (*sneed, gesneden*), to cut off
afspraak, appointment, date
afspreken (*sprak – spraken, gesproken*), to make an appointment, agree
afstand, distance
agent, policeman
al, all
al, already
algemeen, general; *over 't a.*, in genera
allebei, both
alleen, alone, only; *a. maar*, only
allemaal, all
allerlei, all kinds of
alles, everything
allure, air
als, as
als, if, when
alsmaar, right on, more and more
alstublieft, please
altijd, always
Amerika, the U.S.
Amerikaans, American
ander, other
anderhalf, one and a half
anders, otherwise
het antwoord, answer
antwoorden, to answer
apart, separate

appel, apple
april, April
arbeid, work
arm, arm
het *artikel*, article
augustus, August
auto, car; het *auto-ongeluk*, automobile accident
autoweg, highway
avond, evening

B

het *bad*, bath
badkamer, bathroom
bakken (*bakte, gebakken*), to bake, fry
bakker, baker, breadman
bal, ball
band, tire
bank, bank; bench
het *bankbiljet*, banknote
het *bed*, bed
bedanken, to thank; *hartelijk bedankt*, thank you very much
bedenken (*bedacht*), to think up
het *bedenksel*, something thought up
bediening, service (in restaurant)
bedoelen, to mean
het *bedrag*, amount
bedrijvigheid, bustle
het *been* (plur. *beenderen*) bone; (plur. *benen*) leg
een *beetje*, a little
het *begin*, beginning
beginnen (*begon, is begonnen*), to begin
beginner, beginner
begrijpen (*begreep, begrepen*), to understand
behalve, except, besides
behoren (*tot*), to belong (to)
beide, both
bekommeren (*zich*) *om*, to be concerned about
bekwaam, capable
bel, bell
belangrijk, important
belangstelling, interest; *b. hebben voor*, to be interested in
België, Belgium
bellen, to ring (a doorbell)
beloven, to promise

beneden, below, downstairs; *naar b.*, downstairs (direction); *hier, daar b.*, down here, there
benoemen, to appoint
benzine, gasoline
berekenen, to figure
beroemd, famous
best, best, very well, dear (in letter)
bestaan (*bestond, bestaan*) *uit*, to consist of
bestellen, to order, deliver (mail)
betalen, to pay
betekenen, to mean
betekenis, meaning
bevallen, to please
bevroren, frozen
bewaren, to keep
bewegen (*bewoog, bewogen*), to move
bewolkt, cloudy
bewust, conscious
bezem, broom
bezet, occupied, busy
bezetten, to occupy
bezitten (*bezat – bezaten, bezeten*), to possess
bezitting, possession
het *bezoek*, visit, company; *een b. brengen*, to pay a visit
het *bezwaar*, objection
bibliotheek, library
bieden (*bood, geboden*), to offer
het *bier*, beer; het *biertje*, glass of beer
bij, near, with, at the house of
bijna, almost; *b. nooit*, hardly ever
bij voorbeeld (*b.v.*), for example
bijwonen, to attend
bijzonder, special, especially
binden (*bond, gebonden*), to tie
binnen, inside; *naar b.*, in (direction)
het *Binnenhof*, court at Parliament building in The Hague
binnenkomen (*kwam – kwamen, is gekomen*), to come in
binnenlopen (*liep, is gelopen*), to come in
bioscoop, movies
het *blad* (plur. *bladeren*), leaf; (plur. *bladen*), tray
bladzijde, page
blauw, blue
blijken (*bleek, gebleken*), to appear
blijven (*bleef, is gebleven*), to stay
blik, glance

het blik, can
het bloed, blood
bloem, flower
het boek, book
boekenplank, bookshelf
boer, farmer
boerderij, farm
bon, ticket
boom, tree
het bord, plate, sign
bos, bouquet; head (of hair)
boter, butter
boterham, sandwich
bouwen, to build
boven, above, upstairs; *naar b.* upstairs (direction); *hier, daar b.*, up here, there
bovenaan, at the top
bovendien, besides
bovenste, top (most)
braafjes, respectably
brand, fire
branden, to burn
breed, wide
breken (brak – braken, gebroken), to break
brengen (bracht, gebracht), to bring
brief, letter
het briefje, bill, banknote
briefkaart, postcard
het briefpapier, stationery
brievenbus, mailbox
broer, brother
bromfiets, motor bike
het brood, bread
het broodje, roll
brug, bridge; *de b. over*, over the bridge
bruin, brown
buigen (boog, gebogen), to bend
buiten, outside; *naar b.*, outside (direction)
het buitenland, abroad
buitenlander, foreigner
bus, bus, box
bushalte, bus stop
buur, neighbor
buurt, neighborhood
buurvrouw, neighbor

C

het cadeau, present

het café, cafe
catalogus, catalogue
cent, cent
het centrum, center
chocolade, chocolate
chocolademelk, chocolate milk
citroen, lemon
collectie, collection
het college, course, class; *een c. volgen*, to take a course
het concert, concert
controleren, to check
coupé, compartment
cultureel, cultural
cultuur, culture

D

daar, there; *d. heen, d. naar toe*, there (direction); *d. vandaan*, from there
daar, since, because
dag (plur. *dagen*), day
dagelijks, daily
het dak (plur. *daken*), roof
dan, then
dan, than
danken: dank u wel, thank you very much; *niets te d.*, you're welcome
das, necktie
dat (pronoun and conjunction), that
datum, date
de, the
december, December
het deel, part
deken, blanket
denken (dacht, gedacht), to think; *d. aan*, to think of; *erom d.*, to remember; *doen d.*, to make think
derde, third
dergelijks: iets d., something like that
dertien, thirteen
dertig, thirty
deur, door; *de d. uit*, out the door
deze, this, these; *dezer dagen*, the other day
dezelfde, the same
dicht, close, closed; *d. doen*, to close
dicht, close, tight; *d. bij*, close to
die (demonstrative and relative), that, those, which
dienaar, servant

dienen, to serve

dienst, service; *tot uw dienst*, you're welcome

het dier, animal

dijk, dike

dik, thick, fat

dikwijls, often

het ding, thing

dinsdag, Tuesday

direct, right away

dit, this

dochter, daughter

doen (*deed, gedaan*), to do

dol op, fond of, crazy about

domineren, to dominate

donderdag, Thursday

donker, dark

doodgewoon, perfectly ordinary

door, through, by

doorbrengen (*bracht, gebracht*), to spend (time)

doorgaan (*ging, is gegaan*) *met*, to keep on

doos, box

het dorp, village

dorst hebben, to be thirsty

het dozijn, dozen

draaien, to dial

dragen (*droeg, gedragen*), to carry, wear

drank, drink

drie, three

drinken (*dronk, gedronken*), to drink

droog, dry

droogleggen, to reclaim by draining

druk, busy; *het d. hebben*, to be busy

duidelijk, clear

duim, thumb

het duin, dune

Duits, German

Duitsland, Germany

duizend, thousand

duren, to last

dus, so, this way, thus

duur, expensive

d.w.z. = *dat wil zeggen*, i.e., that is

E

echt (*wel*), really

een, a, an, one

eenheid, unit(y)

eenmaal, once

eensgezindheid, unanimity

eenvoudig, simple, simply

eenzaam, lonely

eenzaamheid, loneliness

eergisteren, day before yesterday

eerst, first

eetkamer, dining room

eeuw, century

het effect, effect

het ei (plur. *eieren*), egg

eigen, own (adjective)

eigenlijk, actually

het eiland, island

het einde, end

eindelijk, finally

het eindje, little ways

eis, demand

elektrisch, electrical

elf, eleven

elk, each

elkaar, each other; *voor e.*, in order, taken care of; *voor e. krijgen*, to take care of; *uit e.*, apart

emotie, emotion

en, and

Engeland, Engeland

Engels, English

enig, only

enige, some

enkele, some; *een e. maal*, now and then

enveloppe, envelope

enz. = *enzovoort*, etc..

er, there; *er is, er zijn*, there is, there are

erg, very

ergens, somewhere

erkennen, to admit

ervaren (*ervoer, ervaren*), to experience

etalage, show window

eten (*ar – aten, gegeten*), to eat

Europa, Europe

even, just, just as, a bit

evenals, just as

eventjes, a moment

evenwel, however

het exemplaar, copy

F

fabriek, factory

familie, family

het fantasie-spinsel, something imagined

februari, February
het feest, party
het feit, fact
feliciteren, to congratulate
fiets, bicycle; *met de f.*, by bicycle
fietsen, to cycle
fietsenhandelaar, bicycle dealer
fietsenwinkel, bicycle shop
het fietspad, bicycle path
figurant, bit player
film, film
het filmpje, roll of film
firma, company
flat, apartment
fles, bottle
flink, quite a; *f. koud*, pretty cold; *f. schudden*, shake well
fooi, tip
foto, photograph
het fototoestel, camera
fout, mistake
Frankrijk, France
Frans, French
het fruit, fruit

G

gaan (ging, is gegaan), to go; *hoe gaat het?* how are you? *g. zitten*, to sit down
gangbaar, accepted
garage, garage
gastheer, host
het gat (plur. *gaten*), hole
geacht, (in letter) dear
gebeuren, to happen
het gebied, territory
geboorteplaats, birthplace
geboren, born
het gebouw, building
het gebruik, use
gebruiken, to use
gedachte, thought
gedurende, during
geel, yellow
geen, no (not any)
het gehakt, ground meat
geheel, whole, entire
gek, odd
het geld, money
geleden, ago
gelijk hebben, to be right

gelijkvloers, ground floor
het geloof, belief
geloven, to believe
het geluk, happiness, fortune
gelukkig, fortunate
gelukwensen, to congratulate; *g. met zijn verjaardag*, to wish a happy birthday
gemakkelijk, easy
gemeenschap, community
generaal, general
genoeg, enough
geschiedenis, history
gestalte, form
het gevaar, danger
gevaarlijk, dangerous
het geval, case,; *in ieder g.*, at any rate
geven (gaf – gaven, gegeven), to give
het gevoel, feeling
geweldig, tremendous
gewend aan, used to
het gewicht, weight
gewoon, ordinary, just
gewoonlijk, usually
gezellig, pleasant, sociable
het gezicht, face
het gezin, immediate family
gezond, healthy
gisteren, yesterday; *gisteravond*, yesterday evening
gladjes, smoothly
glimlach, *smile*
glimlachen, to smile
het glas (plur. *glazen*), glass
goed, good, well, right
goedkoop, cheap
gooien, to throw
gouden, golden
Gouden Eeuw, Golden Age
graag: g. (plus verb), to like to; *ik zou (wou) g.*, I would like to; comp. *liever*, superl. *liefst*
gracht, canal (in a town)
het gram, gram
gratis, *free*
grens, border
grijs, gray
groen, green
groente, vegetables
groep, group
groet, greeting
groeten, to greet

187

grofbotterig, rawboned
grond, floor, ground
groot, large
grotendeels, largely
gulden, guilder
het gymnasium, secondary school, High
School

H

haak, hook
het haar, hair
haar (object and possessive), her
haardos, head of hair
haasten (*zich*), to hurry
haat, hate
halen, to catch (a train)
half, half
halte, stop
hand, hand
handdoek, towel
handel, trade
handelaar, dealer
handelen, to deal
handschoen, glove
hangen (*hing, gehangen*), to hang
hap, bite
hard, fast
het hart, heart
hartelijk, cordial
hartstocht, passion
haven, port, harbor
hebbelijkheid, peculiarity
hebben (*had, gehad*), to have; *honger,
dorst, slaap, gelijk h.*, to be hungry
thirsty, sleepy, right; *het warm, koud,
druk h.*, to be hot, cold, busy; *het over
iets h.*, to talk about something; *zin
h. in*, to care to
heden, today
hedendaags, present-day
heeft, (see *hebben*)
heel, very, all; *de hele dag*, all day
heer, gentleman; *de h.*, Mr.
helaas, unfortunately
heleboel, whole lot
helemaal, entirely; *h. niet* (*niets*), not
(nothing) at all
helpen (*hielp, geholpen*), to help
hem, him
hemel, sky

hen, them
herfst, fall
herhalen, to repeat
herhaling, repetition
herinneren (*aan*), to remind (of); *zich h.*,
to remember
het, the (neuter), it
heten (*heette, geheten*), to be called
hetzelfde, the same
heus, really
hier, here
hiernaast, next door
hij, he
historicus, historian
hoe, how, the (with comparative)
hoed, hat
hoek, corner
hoeveel, how much
hoeveelste: de h. hebben wij? what is the
date?
hoeven, to need to
hoewel, although
het Hof, Court
hogeschool, university-level school
Holland, Holland
Hollands, Dutch
hond, dog
honderd, hundred
honger hebben, to be hungry
het hoofd, head; *hoofd-*, main
hoofdstad, capital
het hoofdstuk, chapter
hoog, high
hoogachtend, sincerely
hoogachting: met de meeste h., sincerely
yours
hopen, to hope
horen, to hear, belong
het horloge, watch
hospita, landlady
het hotel, hotel
houden (*hield, gehouden*), to hold; *h. van*
to like
huilen, to cry
het huis, house
hulp, help
hun, their, them
huren, to rent
huurder, tenant

I

ieder, every, any
iedereen, everyone
iemand, someone
iets, something, somewhat
het ijs, ice, ice cream
ijskast, refrigerator
IJssel, the IJssel River
het IJsselmeer, the IJssel Lake (the former Zuiderzee)
ik, I
importeren, to import
in, in
industrie, industry
informeren, to find out
ingang, entrance
ingewikkeld, complicated
inhoud, contents
inpakken, to wrap up
instappen, to get in
interessant, interesting
interesseren (zich) voor, to be interested in
het interview, interview
is, (see *zijn*)

J

ja, yes
het jaar, year
jam, jam
jammer, too bad; *wat j.*, what a shame
januari, january
jarig zijn, to have a birthday
jas, coat
jij, you (familiar)
jong, young
jongen, boy
jongs: van j. af, from childhood
jou, you (familiar)
jouw, your (familiar)
juffrouw, Miss
juist, exactly
juli, July
jullie, you (familiar, plur.), your
juni, June

K

kaart, ticket, map

kaas, cheese
het kalf (plur. *kalveren*), calf
het kalfsvlees, veal
kam, comb
kamer, room, (parliament) chamber
het kanaal, canal
kans, chance
kant, side; *die k. uit*, that way
het kantoor, office; *op k.*, at the office
kapper, barber
het karakter, character
kassa, cashier's desk
kast, cupboard
kat, cat
keer, time
kelner, waiter
kennen, to know
kennis, acquaintance; *k. maken met*, to make acquaintance, meet
kerel, fellow
kerk, church
kerkdienst, church service
het kerkhof, churchyard
keuken, kitchen
kiezen (koos, gekozen), to choose, elect
kijken (keek, gekeken), to look; *even k.*, let's see; *kijk eens!* look! there you are!
het kilo, kilo(gram)
kilometer, kilometer
het kind (plur. *kinderen*), child
klaar, ready
het kledingstuk, article of clothing
klein, small
het kleingeld, change
kleren, clothing
kleur, color
kleurig, colorful
klinken (klonk, geklonken), to sound
klok, clock, bell
kloppen, to knock; to be correct
knap, clever
knippen, to cut (with scissors)
koe (plur. *koeien*), cow
koek, cake
het koekje, cookie
koets, coach
koffer, suitcase
koffie, coffee; *bij de k.*, at lunch
het koffiedrinken, lunch
koken, to cook

komen (*kwam – kwamen, is gekomen*), to come
koningin, queen
koninklijk, royal
te koop, for sale
kopen (*kocht, gekocht*), to buy; *voor ... k.*, to buy ... worth
koper, purchaser
het koper, copper
het kopje, cup
koppig, stubborn
koppigheid, stubbornness
kort, short
kosten, to cost
het kostuum, costume
kou, cold (noun); *k. vatten*, to catch cold
koud, cold; *het k. hebben*, to be cold
kraam, stand
krant, newspaper
krijgen (*kreeg, gekregen*), to get
krom, crooked
kroon, crown
kruidenier, grocer
kunnen (*kon – konden, gekund*), to be able to
kus, kiss
kust, coast
kwalijk: neem(t u) me niet k., I'm sorry, my apologies
het kwart, quarter
het kwartier, quarter hour
het kwartje, 25-cent piece
kwijt zijn, to have lost, to be rid of
kwijtraken, to lose, to get rid of

L

la, drawer
laag, low
laan, avenue
laat, late
laatst, last
lachen (*lachte, gelachen*) *om*, to laugh at
het laken, sheet
het land, country
landbouw, agriculture
landelijk, rural
het landschap, landscape
lang, long, tall; *dagen l.*, for days
langs, along, by; *l. komen*, to drop by

langzaam, slow
last, load; *l. hebben van*, to be bothered by
laten (*liet, gelaten*), to let, have (something done); *l. vallen*, to drop; *l. zien*, to show
het lawaai, noise
leggen, to lay
lek zijn, to leak
lekker, tasty, delicious; *l. vinden*, to like
lelijk, ugly
lenen, to lend
lepel, spoon
lepeltje, teaspoon
leraar, teacher
leren, to teach, learn
les, lesson
leuk, delightful; *wat l.*, how nice
leunen, to lean
leven, to live; *leve de koningin*, long live the queen
het leven, life
lezen (*las – lazen, gelezen*), to read
het licht, light
licht, light
het lid (plur. *leden*), member
het lied (plur. *liederen*), song
liefde, love
liefst, (see *graag*)
liever, (see *graag*)
liggen (*lag – lagen, gelegen*), to lie
lijken (*leek, geleken*), to seem; *l. op*, to resemble
lijst, list
limonade, fruit drink
linker, left
links, left
linksaf, to the left
liter, liter
het loket, ticket window
loop, course
lopen (*liep, is gelopen*), to walk, run
luchtpost, airmail
het luchtpostblad, air letter
lucifer, match
luidspreker, loudspeaker
luisteren, to listen

M

de or *het maal*, time

maaltijd, meal
maand, month
maandag, Monday
maar, but
maart, March
Maas, the Meuse River
maat, size
macht, power
maken, to make; *een reis (tocht) m.*, to take a trip
man, man
mantel, coat
margarine, margarine
markt, market; *op de m.*, at the market
marktdag, market day
het marktplein, market square
massa, crowd
het materiaal, material
mee, along
meebrengen (bracht, gebracht), to bring along
meegaan (ging, is gegaan), to go, come along
meenemen (nam – namen, genoemen), to take along
meer, more; *niet m.*, no longer
het meer, lake
meestal, mostly
meevallen (viel, is gevallen), to turn out better than had been expected
mei, May
het meisje, girl
mejuffrouw, miss
mekaar, each other
melk, milk
melkboer, milkman
melodie, melody
men, one, people
meneer, (see *mijnheer*)
menig, many a
mens, person; (plur.) people
menselijk, human
mensheid, humanity
het mes, knife
met, with; *m. z'n tweeën (etc.)*, the two of us (etc.)
meter, meter
mevrouw, Mrs., ma'am
middag, afternoon
middeleeuwen, Middle Ages
middeleeuws, medieval

midden in, in the midst of
mij, me
mijn, my
mijnheer (meneer), Mr., sir
het miljoen, million
min of meer, more or less
ministerraad, ministerial council
minuut, minute
misschien, maybe, perhaps
missen, to miss
modern, modern
moe, tired
moeder, mother
moeilijk, difficult
moeilijkheid, difficulty
moeite: de m. waard, worth the trouble
moeten (moest, gemoeten), to have to
mogelijk, possible
mogelijkheid, possibility
mogen (mocht, gemoogd), to be allowed to
molen, mill
mond, mouth
mooi, nice, pretty
morgen, morning, tomorrow; *m. ochtend*, tomorrow morning
mouw, sleeve
munt, coin
het museum, museum
musicus, musician
muziek, music

N

na, after
naaien, to sew
naam, name
naar, to; *n. toe*, to; *n. de stad*, down town
naast, next to, beside
nacht, night
nadat, after
namelijk, you see, i.e.
nat, wet
natuurlijk, naturally
nauwelijks, scarcely
Nederland, the Netherlands
Nederlander, Dutchman
Nederlands, Dutch
nee, no
neerzetten, to place
negen, nine
negentien, nineteen

negentig, ninety
nemen (*nam – namen, genomen*), to take
nergens, nowhere
net, just; *n. zo*, just as
netjes, nice, neat
neus, nose
niemand, nobody
niet, not; *n. waar*, isn't it, don't we (etc.), *n. eens*, not even; *n. meer*, no longer
niets, nothing; *n. anders*, nothing else
nieuw, new
het nieuws, news
het nieuwsbericht, news report
nodig, necessary; *n. hebben*, to need
noemen, to name, call
nog, still; *n. niet*, not yet; *n. steeds*, still (more emphatic); *n. een*, another; *n. even*, for a moment; *n. maar*, only ... left
nood, need
nooit, never
noord-, north
noordelijk, northern
het noorden, North
nou, en of, and how
november, November
nu, now, now that
het nummer, number

O

ober, waiter
ochtend, morning; *morgen o.*, tomorrow morning
oefening, practice
of, or, whether
officieel, official
officier, officer
het ogenblik, moment; *op 't o.*, at the moment
oktober, October
om, around, at; *o. te*, in order to
omdat, because
omgeving, surroundings
omhelzing, embrace
omstreeks, about
omstrengelen, to entwine
onbekommerd, unconcerned
onbeweeglijk, motionless
onbeweeglijkheid, motionlessness

ondanks, in spite of
onder, under, among
ondergáán (*onderging, ondergaan*), to undergo
óndergaan (*ging, is gegaan*), to set
het onderonsje, tête-à-tête
onderweg, on the way
ongeveer, about
onlangs, a short time ago
onmiddellijk, immediately
onnozelheid, innocence
ons, us
ons, onze, our
het ons, ounce (100 grams)
het ontbijt, breakfast; *bij het o.*, at breakfast
onthouden (*onthield, onthouden*), to remember
ontmoeten, to meet
ontspannen, relaxed
ontstaan (*ontstond, ontstaan*), to originate
ontwikkelen, to develop
ontzettend, terribly; *o. veel*, an awful lot of
het oog, eye
ooit, ever
ook, also; *o. weer*, now, again (trying to recollect)
oom, uncle
het oor, ear
oostelijk, eastern
het oosten, East
op, on, at
opdat, so that
open, open
openen, to open
opening, opening
opgeven (*gaf – gaven, gegeven*), to declare
opheffen (*hief op, opgeheven*), to raise
ophouden (*hield, gehouden*) *met*, to stop
opmerken, to notice, remark
opmerking, remark
oppassen, to watch out
oprichten, to erect
oproepen (*riep op, opgeroepen*), to evoke
opruimen, to clean up
opstaan (*stond, gestaan*), to get up
optreden (*trad op, opgetreden*), to appear (in a performance)
opvallen (*viel, is gevallen*), to be noticeable, striking

opvallend, noticeable
opzoeken (*zocht, gezocht*), to visit
orde: in o., all right
originaliteit, originality
het orkest, orchestra
oud, old
ouders, parents
ouderwets, old fashioned
over, over, about, by way of, left over, in (a length of time)
overal, everywhere
overdag, during the day
het overhemd, shirt
overigens, by the way
overkant, other side
overkomen (*overkwam, is overkomen*), to happen to
overmorgen, day after tomorrow
overstappen, to change (vehicles)
oversteken (*stak – staken, gestoken*), to cross

P

het paar, a pair; *een p.*, a few, a couple
het paard: te p., on horseback
paars, purple
het pakje, package
pan, pan
het papier, paper
paraplu, umbrella
parkeren, to park
het parlement, parliament
partij, party
pas, just, not until
pas, step
pas op, look out
passend, suitable
passeren, to pass
het patroon, pattern
peer, pear
pen, pen
peper, pepper
per, by, per
het perron, train platform
pers, press
persoon, person
pijp, pipe
plaats, place, room, seat; *in p. van*, instead of; *p. nemen*, to take a seat
plaatsvinden (*vond, gevonden*), to take place

het plakje, slice
het plan: van p. zijn, to intend
plank, shelf
het plantsoen, public garden
het platteland, country; *op het p.*, in the country
het plein, square
plek, spot
plotseling, suddenly
het podium, podium
poes, cat
polder, polder, reclaimed land
het politiebureau, police station
politiek, political
pompen, to pump
het pond, pound
post, mail
postbode, mailman
het postkantoor, post office
postzegel, postage stamp
pot, pot
het potlood, pencil
prachtig, fine, splendid
praktisch, practical
praten, to talk; *p. over*, to talk about
precies, exactly
prettig, agreeable, pleasant
prijs, price
prima, first-rate
prinses, princess
proberen, to try
professor, professor
het programma, program
het projekt, project
Provinciale Staten, the ruling bodies of the provinces
provincie, province
pudding, pudding
het punt: op 't punt om te, about to

R

raadplegen, to consult
het raam, window
raar, odd, funny
raden (*raadde, geraden*), to guess
radio, radio; *door de r.*, on the radio
Randstad, the western urban complex
rechtdoor, straight ahead; *steeds r.*, right straight ahead
rechter, right

rechts, right; *naar r.*, to the right
rechtsaf, to the right
redden, to save; to manage
rede, speech
regen, rain
regenen, to rain
regenjas, raincoat
regeren, to rule
regering, government
reis, trip; *een r. maken*, to take a trip
reizen, to travel
reiziger, traveler
rekenen op, to count on
rekening, bill
repareren, to repair
residentie, residence (of the royal family or the government)
het restaurant, restaurant
Ridderzaal, the Knights' Hall, parliament building
rij, row
rijden (reed, is gereden), to ride; to drive
rijk, rich
rijksdaalder, two and a half guilders
Rijn, the Rhine River
het rijwiel, bicycle
rijwielhandelaar, bicycle dealer
rivier, river
roepen (riep, geroepen), to call, shout
roken, to smoke
roman, novel
rondom, around
rondvaart, boat tour
rood, red
room, cream
route, route
ruig, rough, shaggy
ruim, spacious
rust, rest
rustig, quiet

S

samen, together
schaal, dish
schaats, skate
schaatsenrijden (reed, gereden), to skate
schaatsenrijder, skater
het scheermes, razor
het scheermesje, razor blade
scheiden (scheidde, gescheiden), to separate

schelen: het kan mij niet s., it doesn't matter to me
scheppen (schiep, geschapen), to create
scheren (zich), to shave (oneself)
schijnen (scheen, geschenen), to seem, shine
schikken, to be convenient, all right
het schilderij, painting
het schip (plur. schepen), ship
schoen, shoe
school, school; *op s.*, at school
schoon, clean; beautiful
schoonheid, beauty
schoonmaken, to clean
schrijfmachine, typewriter
schrijftaal, written language
schrijven (schreef, geschreven), to write
schrijver, writer
het schoteltje, saucer
schudden, to shake
secretaresse, secretary
september, September
sigaret, cigarette
sinaasappel, orange
het sinaasappelsap, orange juice
sinds, since
situatie, situation
sjaal, scarf
slaan (sloeg, geslagen), to strike
slaap hebben, to be sleepy
slaapkamer, bedroom
slager, butcher
slagroom, whipped cream
slecht, bad, poor
sleutel, key
sloot, ditch
slordig, sloppy
sluiten (sloot, gesloten), to close
smaken, to taste
smal, narrow
smoorheet, stiflingly hot
sneeuw, snow
sneeuwen, to snow
snel, fast
snijden (sneed, gesneden), to cut
het snoepje, sweets, candy
soep, soup
solist, soloist
sommige, some
soms, sometimes
het soort, kind, type
sparen, to spare

speciaal, especially
het spel, game
spelen, to play
spijten: het spijt me, I'm sorry
het spitsuur, rush hour
splitsen, to split
het spoorboekje, book of railroad time-tables
spoorweg, railroad
spreektaal, spoken language
spreken (*sprak – spraken, gesproken*), to speak
staan (*stond, gestaan*), to stand; *het staat mij*, it looks good on me
staat, state
stad (plur. *steden*), city; *de s. in*, into the city; *naar de s.*, down town
het stadhuis, city hall
stadhuistoren, city hall tower
stampvol, chock full
het standbeeld, statue
het station, station
steeds, always; *s. meer*, more and more
stem, vote
ster, star
sterk, strong
sterven (*stierf, is gestorven*), to die
stil, calm
stilte, quiet
stoel, chair
stoet, procession
stollen, to congeal
stomen, to dry clean
stoppen, to stop
straat, street
straffen, to punish
straks, pretty soon
het strand, beach
streek, area
strijken (*streek, gestreken*), to stroke, rub
het strijkje, string ensemble
stroblond, straw-blond
stromen, to flow
stroom, stream
student, student
studeren, to go to a university
het stuk, piece; *een s.*, (sometimes) quite a bit; *een s. of*, about; *aan één s. door*, ceaselessly
stuk, broken
sturen, to send

suiker, sugar
synthetisch, synthetic

T

taak, task
taal, language
tachtig, eighty
tafel, table
het tafellaken, tablecloth
talentvol, talented
talloos, countless
het tarwebrood, wheat bread
te, to, too
tegemoet, towards
tegen, to, against
tegenover, opposite
tegenvallen (*viel, is gevallen*), to be disappointing, turn out badly
tegenwoordig, (adj.) present; (adv.) nowadays
tekenen, to sign, mark
telefoon, telephone
teleurstellen, to disappoint
televisie, television
tellen, to count
ten, to the
tenminste, at least
tenslotte, finally
tentoonstelling, exhibition
terug, back; *t. van*, change for
terugkeren, to return
terugkomen (*kwam – kwamen, is gekomen*, to come back
terugkrijgen (*kreeg, gekregen*), to get back
terugsturen, to send back
terwijl, while
tevoren, before
thee, tea
thuis, at home
tien, ten
tijd, time; *in de laatste t.*, recently
tijdelijk, temporarily
tijdens, during
het tijdje, a little while
toch, (emphatic particle), still, nevertheless, anyhow
tocht, trip; *een t. maken*, to take a trip
toekomen (*kwam toe, is toegekomen*) *aan*, to acquire
toen, then, when

toesturen, to send (to)
het toetje, dessert
toetsen, to test
toevallig, by chance
tonen, to show
toren, tower
tot, until, to; *t. straks (ziens)*, so long
totaal, totally
totdat, until
tram, streetcar
tramhalte, streetcar stop
trap, stairway
trein, train; *met de t.*, by train
trekken (trok, getrokken), to pull
troon, throne
troonrede, the Queen's speech
trots op, proud of
het trottoir, sidewalk
trouwen, to get married
trouwens, in fact
tuin, yard, garden
tussen, between
twaalf, twelve
twee, two
tweedehands, second hand
tweemaal, twice
twintig, twenty
het type, type
typisch, typical

U

u, you (polite)
uit, out of, from
uitbetalen, to pay out
uitdraaien, to turn out
uitdrukken, to express
uitdrukking, expression
het uiterlijk, exterior
uitgesproken, decidedly
uitgeven (gaf – gaven, gegeven), to publish
uitnodigen, to invite
uitnodiging, invitation
uitschrijven (schreef uit, uitgeschreven), to announce (a competition)
uitspraak, pronunciation
uitspreken (sprak – spraken, gesproken), to pronounce
het uitstapje, (pleasure) trip
uitstappen, to get off
uitstekend, excellent

uitstellen, to postpone
uittrekken (trok, getrokken), to take off
er uitzien (zag – zagen, gezien), to look
uitzonderlijk, exceptionally
uniform, uniform
universiteit, university
het uur, hour
uw, your

V

vaak, often
vaas, vase
vader, father
vakantie, vacation; *met v.*, on vacation
vallen (viel, is gevallen), to fall; *lastig v.*, to bother
van, of, from; *v. de week*, this week
vandaag, today
vandaan: waar (daar) v., from where (there)
vanmorgen, this morning
varen (voer, is gevaren), to go (by water)
het varken, pig
het varkensvlees, pork
vast, firmly
veel, much, a lot of
veertien, fourteen
veertig, forty
ver, far
verandering, change
verantwoordelijk, responsible
verbazen (zich), to be surprised
verbieden (verbood, verboden), to forbid
verdelen, to divide
verdienen, to earn
verdieping, story
het verdriet, grief
verdwalen, to get lost
verdwijnen (verdween, is verdwenen), to disappear
vergeten (vergat – vergaten, vergeten), to forget
vergissen (zich), to make a mistake, be wrong
het verhaal, story
verheugen (zich), to be glad; *zich v. op.* to look forward to
verjaardag, birthday
het verkeer, traffic
verkeerd, wrong

het verkeersbord, traffic sign
het verkeerslicht, traffic light
verklaren, to explain, declare
verkoopster, saleslady
verkopen (verkocht, verkocht), to sell
verkouden zijn, to have a cold
verkrijgen (verkreeg, verkregen), to obtain
verleden, last (week, month, etc.)
het verleden, past
verlicht, illuminated
verliefd op, in love with
verliefdheid, being in love
verliezen (verloor, verloren), to lose
veroveren, to conquer
verrukkelijk, delightful
het verschiet, distance
het verschil, difference
verschillend, various, different
verstaan (verstond, verstaan), to understand
verstillen, to become still
vertellen, to tell
vertegenwoordigen, to represent
vertonen, to show
vertrekken (vertrok, is vertrokken), to leave
vervelend, annoying, boring
verwachten, to expect
verwarmen, to heat
verwarming, heating
verwarrend, confusing
verzonken, immersed
vier, four
vijf, five
vijftien, fifteen
vijftig, fifty
vinden (vond, gevonden), to find, think; *vindt u niet?* don't you think so?
vis, fish
Vlaams, Flemish
Vlaanderen, Flanders; the Dutch-speaking half of Belgium
vlak, flat, right; *vlakbij*, right near
Vlaming, Fleming; Dutch-speaking Belgian
het vlees, meat
vliegen (vloog, is gevlogen), to fly
het vliegtuig, plane
vloeien, to flow
vloeken, to clash, swear
vlug, quick, fast
voet, foot

voetballen, to play soccer
vogel, bird
voldoening, satisfaction
volgen, to follow; take
volgend, next
volgens, according to; *v. mij*, I think, in my opinion
het volk, people
voor, for, in front of
vooral, above all
het voorbeeld, example
voorbij, past
voorbijrijden (reed, is gereden), to ride past
voordat, before
voordelig, inexpensive
voordeur, front door
voorgevel, façade
het voorjaar, spring
voorkant, front; *aan de v.*, in front
voorkómen (voorkwam – voorkwamen, voorkomen), to prevent
voorlopig, temporarily
voornaamste, foremost
voorstellen, to introduce, suggest; *zich v.* to imagine
voortdurend, continual
vooruit, forward
voorzitter, chairman
vorig, previous
vork, fork
vormen, to form
vraag, question; *een v. stellen*, to ask a question
vragen (vroeg, gevraagd) om, to ask for
vreemd, strange
vriend, friend
vriendelijk, kind, nice
vriezen (vroor, gevroren), to freeze
vrij, rather
vrijdag, Friday
vrijkomen (kwam vrij, is vrijgekomen), to become available
vrijwel, almost; *v. niets*, hardly anything
vroeg, early
vrouw, wife, woman
vrouwelijk, feminine
vruchtbaar, fertile
het vruchtensap, fruit juice
vuil, dirty
het vuur, fire

W

Waal, the Waal River

waar, where; *w. naar toe (heen)*, where to; *w. vandaan*, where from

waar, true

waarheid, truth

waarom, why

waarschijnlijk, probably

waarschuwen, to warn, let know

wachten (op), to wait (for); *wacht eens even*, just a minute

wand, wall

wanneer, when

want, because

ware: als het w., as it were

het warenhuis, department store

warm, warm, hot; *het w. hebben*, to be hot

wassen (waste, gewassen), to wash

wat, what, some, something, that, how; *w. voor een*, what kind of

het water, water

wedstrijd, competition

week, week; *van de w.*, this week

weer, again

het weer, weather

weg (plur. wegen), road

weg, gone

wegdoen (deed, gedaan), to get rid of

weggaan (ging, is gegaan), to leave

weggeven (gaf – gaven, gegeven), to give away

weggooien, to throw away

weglopen (liep, is gelopen), to walk away

wegrijden (reed, is gereden), to ride away

het weiland, pasture

weinig, little (in amount)

wel, probably, certainly (emphatic); *w. eens*, now and then; *dank u w.*, thank you very much

welk, which

wereld, world

het werk, work

werkelijk, really

werkelijkheid, reality

werken, to work

werpen (wierp, geworpen), to throw

westelijk, western

het westen, West

weten (wist, geweten), to know; *w. te*, to

know how to; *weet je wel?* remember?

wetgevend, legislative

wie, who

wij, we

wijk, district

wijn, wine

wijzen (wees, gewezen), to show

willen (wou/wilde, gewild), to want to

wimper, eyelash

wind, wind

winkel, store

winkelen, to shop

winnaar, winner

winnen (won, gewonnen), to win

winter, winter; *'s winters*, in the winter

wisselen, to change

wit, white

het wittebrood, white bread

woensdag, Wednesday

wonden, to injure

het wonder, wonder

wonen, to live, dwell

het woonhuis, dwelling

woonkamer, living room

het woord, word; *met andere woorden*, in other words

het woordenboek, dictionary

het woordje, little bit (of a language)

worden (werd, is geworden), to become

wrok, resentment

Z

zaak, affair

zaal, auditorium

zachtzinnigheid, gentleness

zak, pocket

zakdoek, handkerchief

het zakje, bag

zakvol, pocketful

zaterdag, Saturday

zee, sea

zeer, very

zeggen (zei – zeiden, gezegd), to say; *z. tegen*, to say to

zeker, certain, confident

zelden, seldom

zelf, self

zelfde, same

zelfs, even

zelfverzekerd, self-assured

zenden (*zond, gezonden*), to send
zes, six
zestien, sixteen
zestig, sixty
zetel, seat
zetten, to set
zeven, seven
zeventien, seventeen
zeventig, seventy
zich, himself, (etc.)
ziek, sick
het ziekenhuis, hospital
zien (*zag – zagen, gezien*), to see
zij, she, they
zijkant, side
zijn, his, its
zijn (*was – waren, is geweest*), to be
zin, sense; *z. hebben in*, to care for
zingen (*zong, gezongen*), to sing
zinken (*zonk, is gezonken*), to sink
zitten (*zat – zaten, gezeten*), to sit; *gaan z.*, to sit down
zitting, session
zo, so, as, that way
zoals, like, as
zodat, so that

zodra, as soon as
zoeken (*zocht, gezocht*), to look for
zogenaamd, so-called
zolang, so long as
zomaar, just
zomer, summer; *'s zomers*, in the summer
zon, sun
zo'n = zo een, such a
zondag, Sunday
zonder, without
zonnig, sunny
zoon (plur. *zoons*), son
zorg, care
het zout, salt
zuidelijk, southern
het zuiden, the South
zuster, sister
zullen (*zou – zouden, ——*), will, would; *dat zal wel*, probably so
zwaaien, to wave
zwaar, heavy
zwart, black
zwemmen (*zwom, gezwommen*), to swim
zweren (*zwoer, gezworen*), to swear

English-Dutch Vocabulary

This vocabulary includes only the words occurring in the exercises to be translated into Dutch.

A

a, an, *een*
able (be), *kunnen*
about, *ongeveer, over*
above, *boven*
actually, *eigenlijk*
after, (preposition) *na,* (conjunction) *nadat,* (time) *over*
afternoon, *middag;* this a., *vanmiddag*
again, *weer*
ago, *geleden*
airmail, *luchtpost*
all, (before noun) *al,* (after noun) *allemaal;* a. day, *de hele dag*
allowed: be a. to, *mogen*
along, *langs*
already, *al*
also, *ook*
always, *altijd*
and, *en*
animal, *het dier*
annoying, *vervelend*
another, *nog een*
apple, *appel*
appointment, *afspraak*
April, *april*
are, *zijn*
around, *om*
arrive, *aankomen*
article, *het artikel*

as, *als, zoals;* a. long a., *zolang;* a. much a., *zoveel*
ask (for), *vragen (om)*
at, *aan,* (time) *om,* (city) *te*
August, *augustus*
avenue, *laan*

B

back, (adverb) *terug,* (noun) *achterkant;* in b., *aan de achterkant;* b. door, *achterdeur*
bad, *slecht;* too b., *jammer*
bag, *het zakje*
barber, *kapper*
bathroom, *badkamer*
be, *zijn,* (in newspaper) *staan;* b. all right, convenient, *schikken*
beach, *het strand*
because, *want, omdat*
bed, *het bed*
bedroom, *slaapkamer*
beer, *het bier*
begin, *beginnen*
behind, *achter*
Belgium, *België*
beside, *naast*
best, *best*
bicycle, *fiets;* to b., *fietsen;* b. path, *het fietspad*
bill, *rekening*

bit: a b. (little while), *even*
black, *zwart*
blanket, *deken*
blue, *blauw*
boat, *boot*
book, *het boek*
bookshelf, *boekenplank*
boring, *vervelend*
born, *geboren*
borrow, *lenen*
both, *beide(n)*
bother, *lastig vallen*
bottle, *fles*
box, *doos*
bread, *het brood*
break, *breken*
bridge, *brug*
bring, *brengen;* b. along, *meebrengen;* b. back, *terugbrengen*
broken, *stuk*
brother, *broer*
brown, *bruin*
build, *bouwen*
building, *het gebouw*
burn, *verbranden*
but, *maar*
butcher, *slager*
butter, *boter*
buy, *kopen*
by bicycle (train) *met de fiets (trein)*

C

call up, *opbellen*
camera, *het fototoestel*
can (noun), *het blik*
can (be able), *kunnen*
canal, *gracht*
capital, *hoofdstad*
car, *auto*
catalogue, *catalogus*
catch cold, *kou vatten*
ceaselessly, *aan één stuk door*
cent, *cent*
center of town, *het centrum*
certainly, *zeker*
chair, *stoel*
chance: by c., *toevallig*
change, (to transfer) *overstappen*
change, (noun) *verandering*
cheap, *goedkoop*

cheese, *kaas*
child, *het kind* (plur. *kinderen*)
chock full, *stampvol*
chocolate, *chocolade*
church, *kerk;* c. service, *kerkdienst*
city, *stad;* c. hall, *het stadhuis*
clean, (adjective) *schoon*
clean, (verb) *schoonmaken*
clearly, *duidelijk*
clock, *klok*
close, *sluiten, dicht doen*
clothes, *kleren*
coast, *kust*
coat, *jas, mantel*
coffee, *koffie*
cold, *koud*
color, *kleur*
come, *komen;* c. back, *terugkomen;* c. in, *binnenkomen*
concert, *het concert*
congratulate, *gelukwensen*
cook, *koken*
cookie, *het koekje*
copy, *het exemplaar*
corner, *hoek*
cost, *kosten*
count, *tellen*
country, *het land*
course: take a c., *een college volgen,* of c., *natuurlijk*
cream, *room*
crooked, *krom*
cross, *oversteken*
cup, *het kopje*
cut off, *afsnijden*
cycle, *fietsen*

D

dangerous, *gevaarlijk*
dark, *donker*
date, *afspraak*
daughter, *dochter*
day, *dag* (plur. *dagen*)
December, *december*
department store, *het warenhuis*
develop, *ontwikkelen*
dial, *draaien*
dictionary, *het woordenboek*
die, *sterven*
difficult, *moeilijk*

dike, *dijk*
dining room, *eetkamer*
disappear, *verdwijnen*
disappoint, *teleurstellen;* be disappointing, *tegenvallen*
dish, *schaal*
do, *doen*
dog, *hond*
down town, *in de stad*
door, *deur*
drawer, *la*
drink, *drinken*
drive, *rijden*
drop by, *langs komen*
dry, *droog*
dune, *het duin*
during, *gedurende;* d. the day, *overdag*
Dutch, (adjective) *Hollands, Nederlands,* (noun) *Hollanders, Nederlanders*

E

each, *ieder, elk;* e. other, *elkaar*
ear, *het oor*
early, *vroeg*
earn, *verdienen*
easy, *gemakkelijk*
eat, *eten*
egg, *het ei* (plur. *eieren*)
eight, *acht*
eleven, *elf*
else, *anders*
enough, *genoeg*
envelope, *enveloppe*
especially, *speciaal*
Europe, *Europa*
even, *zelfs,* (with comparative) *nog*
evening, *avond*
ever, *ooit*
every, *ieder, elk*
everyone, *iedereen*
everything, *alles*
everywhere, *overal*
excellent, *uitstekend*
exhibition, *tentoonstelling*
expect, *verwachten*
expensive, *duur*
explain, *verklaren*
expression, *uitdrukking*
eye, *het oog*

F

fall, *vallen*
family, *het gezin, familie*
farm, *boerderij*
farmer, *boer*
fast, *vlug*
father, *vader*
February, *februari*
fellow, *kerel*
few, *weinig;* a. f., *een paar*
fifty, *vijftig*
film, *film*
finally, *eindelijk*
find, *vinden*
finished, *klaar*
fire, *het vuur*
first, *eerst*
five, *vijf*
Flemish, *Vlaams*
floor, *grond*
fly, *vliegen*
foot, *voet*
for, *voor;* f. sale, *te koop;* f. weeks, *weken lang*
forbidden, *verboden*
forget, *vergeten*
fork, *vork*
forty, *veertig*
four, *vier*
fourteen, *veertien*
free, *gratis*
freeze, *vriezen*
Friday, *vrijdag*
friend, *vriend*
from, *van*
front, *voorkant;* in f., *aan de voorkant;* in f. of, *voor*

G

gasoline, *benzine*
generally, *over 't algemeen*
German, *Duits*
Germany, *Duitsland*
get, *krijgen,* (become) *worden;* g. back, *terugkrijgen;* g. lost, *verdwalen;* g. up, *opstaan*
girl, *meisje*
give, *geven*
glass, *het glas*

glove, *handschoen*
go, *gaan*
good, *goed*, (taste) *lekker*
gray, *grijs*
green, *groen*
grocer, *kruidenier:* at the g., *bij de kruidenier*
ground meat, *het gehakt*
guilder, *gulden*

H

half, *half*
hand, *hand*
handkerchief, *zakdoek*
hang, *hangen*
hardly ever, *bijna nooit*
has, *heeft*
have, *hebben;* h. done, *laten doen;* h. to, *moeten;* haven't you? *niet waar?*
hear, *horen*
heating, *verwarming*
he, *hij*
help, *hulp*
her, *haar*
here, *hier*
him, *hem*
his, *zijn*
Holland, *Holland*
home: at h., *thuis;* h. (direction), *naar huis*
hope, *hopen*
hour, *het uur*
house, *het huis*
how much, *hoeveel*
hundred, *honderd*
hungry (be), *honger hebben*

I

I, *ik*
ice, *het ijs;* i. cream, *het ijs*
if, *als*
import, *importeren*
important, *belangrijk*
in, *in*
inside, *binnen*
instead of, *in plaats van*
intend, *van plan zijn*
invitation, *uitnodiging*
is, *is*
it, *het*, (if common gender) *hij, hem*

jam, *jam*
January, *januari*
John, *Jan*
July, *juli*
June, *juni*
just, *pas, even;* j. before, *vlak voor*

K

keep, *bewaren*
key, *sleutel*
kitchen, *keuken;* k. table, *keukentafel*
knife, *het mes*
knock, *kloppen*
know (a fact) *weten*, (a person) *kennen*

L

landlady, *hospita*
landscape, *het landschap*
large, *groot*
last, *duren*
last, (of a series) *laatst*, (previous) *vorig*
laugh (at, about), *lachen (om)*
lay, *leggen*
leak, *lek zijn*
learn, *leren*
least: at l., *tenminste*
leave, *weggaan, vertrekken*
let's see, *even kijken*
let know, *waarschuwen*
letter, *brief*
library, *bibliotheek*
lie, *liggen*
light, *het licht*
light, *licht*
light, *aansteken*
like, *houden van*, (food) *lekker vinden;* l. to, verb plus *graag*
liter, *liter*
listen (to), *luisteren (naar)*
little, (amount) *weinig*
live, *wonen*
living room, *woonkamer*
long, *lang;* as l. as, *zolang*
look, *kijken*, (appear) *er uitzien;* l. for, *zoeken;* l. forward to, *zich verheugen op*
lose, *verliezen, kwijtraken*
lot: a l. of, *veel*

M

ma'am, *mevrouw*
make, *maken;* m. a mistake, *zich vergissen*
man, *man*
manage, *redden*
many, *veel*
map, *kaart*
March, *maart*
margarine, *margarine*
marry, *trouwen*
match, *lucifer*
may, (be allowed to) *mogen*
May, *mei*
me, *mij*
mean, (intend) *bedoelen,* (signify) *betekenen*
meaning, *betekenis*
meat, *het vlees*
meet, *ontmoeten*
milk, *melk*
ministry, *het ministerie*
minute, *minuut*
mirror, *spiegel*
miss, *missen*
Miss, *juffrouw; mejuffrouw*
moment, *het ogenblik;* at the m., *op 't ogenblik*
Monday, *maandag*
money, *het geld*
month, *maand*
more and more, *steeds meer*
mother, *moeder*
motionless, *onbeweeglijk*
motor bicycle, *bromfiets*
motorcycle, *motor*
movies, *bioscoop*
Mr., *mijnheer (meneer); de heer*
Mrs., *mevrouw*
much, *veel*
must, *moeten*
my, *mijn*

N

name, *naam*
narrow, *smal*
naturally, *natuurlijk*
near, *bij*
necktie, *das*

need, *nodig hebben;* (not) n. to, *(niet) hoeven*
neighborhood, *buurt*
Netherlands, *Nederland*
never, *nooit*
new, *nieuw*
newspaper, *krant*
next, *volgend,* (with name of day) *aanstaande;* n. to, *naast*
nice, *aardig*
night, *nacht*
nine, *negen*
nineteen, *negentien*
no, *nee,* (not any) *geen;* n. longer, *niet meer*
nobody, *niemand*
not, *niet;* n. yet, *nog niet;* n. even, *niet eens*
nothing, *niets;* n. at all, *helemaal niets*
notice, *opmerken;* be noticeable, *opvallen*
novel, *roman*
November, *november*
now, *nu*

O

October, *oktober*
of, *van*
often, *vaak*
old, *oud*
on, *op, aan*
one, *een;* o. and a half, *anderhalf*
only, *(alleen) maar,* (single) *enig*
open, *openen*
or, *of*
orange, *sinaasappel;* o. juice, *het sinaasappelsap*
order, *bestellen*
order: in o. to, *om te*
ordinary, *gewoon*
other, *ander*
otherwise, *anders*
ounce, *het ons*
out, *naar buiten*
outside, *buiten*
over, *boven,* (ended) *afgelopen*
own, *eigen*

P

page, *bladzijde*

paper, *het papier*
park, *parkeren*
party, *feest*
pass, *passeren*
past, *voorbij*
pay, *betalen*
pear, *peer*
pen, *pen*
pencil, *het potlood*
people, *mensen*
pepper, *peper*
per, *per*
photograph, *foto*
pick up, *afhalen*
plane, *vliegtuig*
plate, *het bord*
platform, *het perron*
play, *spelen*
please, *alstublieft*
policeman, *agent*
possible, *mogelijk*
post office, *het postkantoor*
postpone, *uitstellen*
potato, *aardappel*
pretty, *mooi*
probably, *waarschijnlijk*
promise, *beloven*
proud of, *trots op*
province, *provincie*
pudding, *pudding*
pump, *pompen*
purple, *paars*
put, *leggen, doen, zetten*
put on, *aantrekken*

Q

quarter, *het kwart*
quite a bit, *een stuk*

R

radio, *radio*
raincoat, *regenjas*
read, *lezen*
ready, *klaar*
really, *werkelijk*
recently, *in de laatste tijd*
red, *rood*
refrigerator, *ijskast*
remember, *zich herinneren*

rent, *huren*
repair, *repareren*
repeat, *herhalen*
rest, *rusten*
restaurant, *het restaurant*
rich, *rijk*
ride, *rijden*
right: be r., *gelijk hebben;* to the r., *naar rechts*
road, *weg* (plur. *wegen*)
roll, *het broodje*
room, *kamer*

S

sale: for s., *te koop*
saleslady, *verkoopster*
salt, *het zout*
same, *dezelfde, hetzelfde*
sandwich, *boterham*
Saturday, *zaterdag*
saucer, *het schoteltje*
say, *zeggen*
scarf, *sjaal*
second hand, *tweedehands*
seat, (on train) *plaats*
see, *zien*
seldom, *zelden*
sell, *verkopen*
send, *sturen*
September, *september*
set, *zetten,* (sun) *ondergaan*
seven, *zeven*
shall, *zullen*
she, *zij*
sheet, *het laken*
shelf, *plank*
ship, *schip* (plur. *schepen*)
shirt, *het overhemd*
shoe, *schoen*
show the way, *de weg wijzen*
side, *kant*
sign, *het bord*
since, (after) *sinds,* (because) *want*
sister, *zuster*
sit, *zitten*
six, *zes*
skate, *schaats*
skate, *schaatsenrijden*
slice, *het plakje*
slowly, *langzaam*

small, *klein*
smart, *knap*
smile, *glimlachen*
smoke, *roken*
snow, *sneeuw*
so, *zo*
sock, *sok*
some, *enige, wat*
something, *iets*
sometimes, *soms*
son, *zoon*
song, *het lied* (plur. *liederen*)
sorry: I'm sorry, *het spijt mij*
speak, *spreken*
spend, (time) *doorbrengen*
spoon, *lepel*
stand, *staan*
station, *het station*
stationery, *het briefpapier*
stay, *blijven*
still, *nog*
stop, *stoppen*
store, *winkel*
story, *het verhaal*
straight ahead, *rechtdoor*
street, *straat*
streetcar, *tram*
study, *studeren*
suddenly, *plotseling*
sugar, *suiker*
suitcase, *koffer*
summer, *zomer*
sun, *zon*
Sunday, *zondag*
sunny, *zonnig*
surprised (be), *zich verbazen*
swim, *zwemmen*

T

table, *tafel*
tablecloth, *het tafellaken*
take, *nemen;* t. a course, *een college volgen;* t. off, *uittrekken*
taken, (occupied) *bezet*
talk (about), *praten (over), het over ... hebben*
task, *taak*
taste, *smaken*
tasty, *lekker*
tea, *thee*

teacher, *leraar*
tell, *vertellen*
temporarily, *tijdelijk*
ten, *tien*
than, *dan*
thank, *bedanken,* t. you (very much), *dank u (wel), (hartelijk) bedankt*
that, *die, dat*
the, *de, het*
their, *hun*
them, *hun, ze*
then, (future) *dan,* (past) *toen*
there, *daar, er*
these, *deze*
they, *zij*
thick, *dik*
think (of), *denken (aan)*
third, *derde*
thirsty (be), *dorst hebben*
thirty, *dertig*
this, *deze, dit*
those, *die*
three, *drie*
throw, *gooien;* t. away, *weggooien*
Thursday, *donderdag*
time, *tijd,* (instance) *keer*
tip, *fooi*
tire, *band*
to, (direction) *naar,* (infinitive) *te; tegen, aan*
together, *samen*
tomorrow, *morgen*
too, *te;* t. bad, *jammer*
top, *bovenste*
traffic, *het verkeer;* t. light, *het verkeerslicht;* t. sign, *het verkeersbord*
travel, *reizen*
tree, *boom*
trip, *reis*
trolley car, *tram*
truth, *waarheid*
try, *proberen*
Tuesday, *dinsdag*
twelve, *twaalf*
twenty, *twintig*
two, *twee*
typewriter, *schrijfmachine*

U

undergo, *ondergaan*

understand, *verstaan*
university, *universiteit*
until, *totdat*
upstairs, *boven*
us, *ons*
U.S., *Amerika*
use, *gebruiken*
used to, *gewend aan*
usually, *gewoonlijk*

V

vegetable(s), *groente*
very, *heel, erg*
village, *het dorp*
visit, *het bezoek*
visit, *opzoeken*

W

wait (for), *wachten (op)*
waiter, *kelner, ober*
walk, *lopen*
wash, *wassen*
watch TV, *naar de t.v. kijken*
watch out, *pas op*
water, *het water*
way: which (this) w., *welke (deze) kant uit*
we, *wij*
welcome: you're w., *niets te danken, tot uw dienst*
wear, *dragen*
Wednesday, *woensdag*
week, *week*
well, *goed*
what, *wat*
wheat bread, *het tarwebrood*
when, *toen,* (question) *wanneer*

where, *waar;* w. from, *waarvandaan;* w. to, *waarnaartoe, waarheen*
whether, *of*
which, *welk*
whipped cream, *slagroom*
white, *wit;* w. bread, *het wittebrood*
who, *wie*
whose, *van wie*
why, *waarom*
will, *zullen*
window, *het raam;* ticket w., *het loket*
winter, *winter*
with, *met*
without, *zonder*
woman, *vrouw*
wonderful, *prachtig*
word, *het woord;* in other words, *met andere woorden*
work, *werken*
would like, *zou (wou) graag*
wrap, *inpakken*
write, *schrijven*
writer, *schrijver*
wrong, *verkeerd;* be w., *zich vergissen*

Y

year, *het jaar*
yellow, *geel*
yes, *ja*
yesterday, *gisteren;* y. evening, *gisteravond*
yet, *nog;* not y., *nog niet*
you, (familiar) *jij, jou, je; jullie,* (polite) *u*
young, *jong*
your, (familiar) *jouw, je, jullie;* (polite) *uw*

Index